Philipp Mattheis

Ein Volk verschwindet

Philipp Mattheis

Ein Volk verschwindet

Wie wir China beim Völkermord an den Uiguren zuschauen

Ch.Links VERLAG

Auch als ebook erhältlich

Die Deutsche Nationalbibliothek verzeichnet diese Publikation
in der Deutschen Nationalbibliografie; detaillierte bibliografische
Angaben sind im Internet über www.dnb.de abrufbar.

Ch. Links Verlag ist eine Marke der
Aufbau Verlage GmbH & Co. KG

www.christoph-links-verlag.de
Prinzenstraße 85, 10969 Berlin, Tel.: (030) 44 02 32-0
Umschlaggestaltung: Kuzin & Kolling, Büro für Gestaltung,
Hamburg, Kamil Kuzin, unter Verwendung eines Fotos
von picture-alliance / dpa / epa Azubel
Karte: Peter Palm, Berlin
Satz: Nadja Caspar, Ch. Links Verlag
Druck und Bindung: Druckerei F. Pustet, Regensburg

ISBN 978-3-96289-137-4

Inhalt

Vorwort

Zum letzten Mal in Xinjiang war ich im Mai 2014. Die Diskriminierung der Uiguren war damals bereits überall zu spüren. Das Lagersystem aber gab es damals noch nicht. Ende 2015 verließ ich Shanghai in Richtung Istanbul, wo ich die nächsten vier Jahre als Korrespondent tätig war. Als ich im November 2019 nach China zurückkehrte, war ich schockiert, welche Richtung das Land eingeschlagen hatte. Der grassierende Nationalismus, die Überwachung im Alltag und der Personenkult um Xi Jinping hatten ein Ausmaß angenommen, das fünf Jahre zuvor noch unmöglich erschienen war. Auch davon handelt dieses Buch, und die Verbrechen in Xinjiang sind nicht ohne diesen Kontext zu verstehen.

Was das Lagersystem in der Region selbst betrifft, so ist dieses Buch vor allem eine Zusammenfassung der Arbeiten von Journalisten, Datenforschern und Menschenrechtlern, die in teils mühevoller Detailarbeit und unter Strapazen Licht dorthin brachten, wo die kommunistische Partei Chinas Dunkelheit verbreiten will. Mein eigener Beitrag zu diesen Recherchen ist gering, weswegen dieses Buch auch mit einem Kapitel über die Arbeit von Kollegen in Xinjiang beginnt, und mit einer Danksagung endet.

Die Berichte von Zeugen, die die Lager überlebt haben, stammen alle vom »Uyghur Tribunal«. Die Veranstaltung in London ist der bisher umfangreichste Versuch, die Ereignisse in Xinjiang zu dokumentieren und aufzuarbeiten. Wer die Website www.uyghurtribunal.com besucht, findet dort die hier wiedergegebenen Berichte in voller Länge und noch weitere Primärquellen.

Dieses Buch ist darüber hinaus der Versuch, die geopolitische Bedeutung der Provinz zu erklären. Das wirtschaftliche Projekt Pekings mit dem wohlklingenden Namen »Die neue Seidenstraße« soll die wirtschaftliche Hegemonie der Volksrepublik in Zentralasien sicherstellen und europäische Absatzmärkte für chinesische Produkte erschließen. Die Kontrolle über die Region Xinjiang ist für diese Strategie unerlässlich.

Nicht zuletzt ist dieses Buch auch eine Warnung vor der Propagandamaschinerie Pekings. Längst nutzt die kommunistische Partei Chinas auf raffinierte Weise westliche Social-Media-Plattformen (die in China selbst verboten sind), um ihre Narrative im Westen zu verbreiten. Vielleicht kann dieses Buch einen Beitrag dazu leisten, das Bewusstsein dafür zu schärfen und wachsamer gegenüber den Lügen und der verdeckten Einflussnahme des Regimes zu werden.

Dass die deutsche Wirtschaft und Politik sich angesichts unserer historischen Verantwortung nicht deutlicher von Zwangsarbeit, der an Euthanasie grenzenden Bevölkerungspolitik und dem Lagersystem in Xinjiang distanzieren, ist beschämend.

Was wir wissen können

»Sie werden Baumwollfelder besichtigen und die Wahrheit und Fakten respektieren.«

Gao Feng, Sprecher des chinesischen Handelsministeriums, 2021

Bis vor kurzer Zeit hatten die meisten Menschen von dem Turkvolk im Westen Chinas noch nie etwas gehört. Xinjiang, die Stammheimat der rund 15 Millionen Uiguren, ist eine der ärmsten Provinzen Chinas. Während zum Jahreswechsel 2020/21 die Staatschefs mehrerer EU-Länder hinter verschlossenen Türen ein Handelsabkommen mit Peking aushandelten, schlugen Menschenrechtler Alarm. Peking hatte in der Region Xinjiang in den vergangenen Jahren eine digitale Dystopie errichtet. Die totale Überwachung ist – zumindest für die Minderheit der Uiguren – Wirklichkeit geworden. Bis zu zwei Millionen Menschen werden monatelang in »Umerziehungslagern« festgehalten. Folter, Zwangsarbeit und Gehirnwäsche sind dort an der Tagesordnung. Anfangs basierten die Meldungen noch auf Gerüchten und wenigen Berichten derer, die entkommen sind. Mittlerweile aber sind die Menschenrechtsverletzungen der kommunistischen Partei Chinas gut belegt.

Auf der einen Seite werden seit Jahren Milliarden in die Region investiert. Auf der anderen Seite schließen Pekings Beamte aber auch Moscheen, untersagen religiöse Feste und erlassen sogar Kleidervorschriften, um die Religion aus dem Alltag der Menschen zu verbannen. Uralte Oasenstädte wie

Kashgar werden unter dem Vorwand der Modernisierung ihrer einzigartigen Architektur beraubt. Den Verlust der kulturellen Identität sollen Wirtschaftswachstum und Infrastruktur ausgleichen. Das ist das Rezept, mit dem die kommunistische Partei Chinas spätestens seit 1990 das Riesenland regiert.

Recherchen in Xinjiang sind nie einfach gewesen. Angst, Diskriminierung und Beamtenwillkür waren immer spürbar. Doch anders als zum Beispiel in Tibet, das seit Jahren für ausländische Journalisten komplett gesperrt ist, waren und sind Reisen nach Xinjiang noch immer erlaubt. Eine tiefergehende Berichterstattung aber ist kaum mehr möglich.

Vor etwa zehn Jahren mussten Journalisten sich zwar offiziell anmelden, wenn sie in Xinjiang recherchieren wollten, aber wie zu dieser Zeit noch oft in China waren die Vorschriften lax und folgten eher dem »Cha Bu Duo«-Prinzip, welches eine gewisse Larifari-Mentalität beschreibt und sich grob mit »passt schon« übersetzen lässt. Eine »Mann-Deckung«, also die direkte Verfolgung durch Beamte, gab es nur selten, und nahezu alle Städte und Landstriche Xinjiangs waren prinzipiell zugänglich, auch wenn man hin und wieder mit Behinderungen rechnen musste. Fernsehteams hatten es insgesamt schwerer, weil sie als Menschengruppe und durch ihr Equipment für mehr Aufmerksamkeit sorgten als ein einzelner Print-Journalist, der sich im Notfall immer als Tourist ausgegeben konnte. Aber das traf auf viele Teile Chinas zu, wenn man zu heiklen Themen recherchieren wollte. Vieles hing auch von der Willkür der zuständigen Beamten ab. Während manche Polizeichefs sich wenig Gedanken über Ausländer in der Region machten und Journalisten in Ruhe ließen, sobald diese versichert hatten, keine Fotos zu machen, waren andere übervorsichtig. Dennoch: In dieser Zeit waren Gespräche mit Uiguren möglich. Viele ließen sich zwar lieber anonym zitieren, aber ihnen war es ein Anliegen, dass die Welt etwas über die Situation in Xinjiang erfuhr. Die Angst vor den Konsequenzen war noch nicht so groß, dass sie mit niemandem sprechen wollten, wie es später der Fall war. Das änderte sich etwa um die Jahre 2016/2017, als das Lagersystem aufgebaut wurde.

Harald Maass, Journalist und ehemaliger China-Korrespondent der *Frankfurter Rundschau,* flog im Frühsommer 2018 in die kasachische Hauptstadt Almaty. Von dort aus bestieg er einen Bus, der ihn zur chinesischen Grenze brachte. Sein Plan: Mit eigenen Augen zu sehen, was in der Provinz Xinjiang vorging, die er zum ersten Mal in seinem Leben 1987 bereist hatte. Und um einem Verdacht nachzugehen: Ein kanadischer Student hatte über Google Maps und Satellitenaufnahmen Anlagen identifiziert, die wie Lager aussahen. Gerüchte darüber, dass es in Xinjiang Arbeits- oder Umerziehungslager gab, kursierten schon länger. Zu diesem Zeitpunkt aber stritt die chinesische Regierung deren Existenz noch rigoros ab.

Maass reiste mit einem Touristenvisum ein, das er zuvor in München beantragt hatte. »Mich wunderte es, dass es tatsächlich ausgestellt wurde. Heute wäre das völlig unmöglich«, erzählt er knapp drei Jahre später. Maass traf außerdem diverse Vorsichtsmaßnahmen. Er löschte jegliche Dateien von seinem Computer, die in den Augen der chinesischen Sicherheitsbeamten irgendwie verdächtig aussehen könnten. Die Fotos, die er auf seiner zweiwöchigen Reise durch die Provinz machte, lud er über ein Virtual Private Network (VPN) hoch und löschte sie anschließend wieder. Seine Notizen schrieb er in ein Heft, verklausulierte und chiffrierte sie als harmlose Tagebucheinträge, so dass auch sie keinen Verdacht erregen konnten. »Mir war bewusst, dass mir all das als Spionage ausgelegt werden könnte«, sagt der Journalist an einem sonnigen Junitag in München.

»Was ich dann aber tatsächlich sah, übertraf meine schlimmsten Befürchtungen.« Maass schildert die Provinz als ein gigantisches Freiluftgefängnis, in dem die Uiguren auf Schritt und Tritt überwacht, kontrolliert, gescannt, registriert und diskriminiert werden. Am schlimmsten sei die Situation im Süden der Provinz. Nachts glichen die Städte einer einzigen Polizeikontrolle: Überall Blaulicht, bewaffnete Soldaten, die herumbrüllten, Durchsuchungen. Maass selbst wurde in den zwei Wochen 57 Mal kontrolliert.

Sämtliche Interviews mit ehemaligen Insassen der Lager und Familienangehörigen von Inhaftierten führte er in Kasachstan. In Xinjiang selbst beschränkte er den Kontakt mit Uiguren auf ein absolutes Minimum. »Das Wichtigste für mich war, dass niemand durch meine Arbeit in Gefahr geraten würde. Wenn in Xinjiang jemand mit einem Ausländer gesehen wird, droht ihm sofort ein Verhör oder Lagerhaft.« Die Geschichte, die Maass dann schrieb, wurde im März 2019 im Magazin der *Süddeutschen Zeitung* veröffentlicht. Sie gewann den renommierten Deutschen Reporterpreis und wurde für den Theodor-Wolff-Preis nominiert.

Etwas später ist auch der französische Fotograf Patrick Wack zum letzten Mal in Xinjiang gewesen. »2019 folgten mir ein oder zwei Männer mit etwas Entfernung. Es handelte sich dabei oft um Uiguren. Sie waren übrigens sehr freundlich, das führte manchmal zu absurden Situationen. Ich sagte meinen Aufpassern, ich führe morgen hier- oder dorthin, und sie freuten sich mitzukommen.« Das täuschte aber nicht über die Repressionen hinweg. Wack führte immer zwei Fotokarten mit sich. »Ich wurde im Schnitt alle zwei Tage von einem Polizisten aufgefordert, meine Fotos zu löschen. Deswegen hatte ich eine JPEG-Fotokarte bei mir, mit der ich demonstrierte, dass ich die Fotos gelöscht hatte, während die zweite Karte sicher war. Jeden Abend machte ich zudem mehrere Kopien auf meinem Laptop und lud die Fotos über Filesharing-Dienste hoch.«

Die plumpe »Mann-Deckung« ist inzwischen von einer smarten, digitalen Überwachung abgelöst worden. Im Juni 2021 war Christoph Giesen, langjähriger China-Korrespondent der *Süddeutschen Zeitung,* in Xinjiang und beschrieb, dass sich die Lage vordergründig entspannt habe. »Noch vor einem Jahr wurde man Schritt für Schritt von mindestens einem Mann mit Handy verfolgt. Fuhr man mit dem Auto, folgten einem Wagen ohne Nummernschilder. Mittlerweile aber ist das System ausgefeilter: Man hat die Städte, und eigentlich die ganze Provinz, in Zonen aufgeteilt. Überquert man eine Zonengrenze, wechselt automatisch auch das Personal, das einen verfolgt. Hinzu kommt, dass der Bewegungsradius durch Covid-Beschränkungen stark eingegrenzt ist. Da man nur in bestimmten Hotels übernachten darf, kann man maximal 200 Kilometer ins Land fahren«, erzählt er.

Gesprächspartner zu finden, die etwas über die tatsächliche Situation erzählen, ist dagegen noch schwieriger geworden. Es scheint, als hätten die massive Einschüchterung, Traumatisierung und Propaganda der Lager ihren Effekt gehabt: »Immer öfter bekommt man nichts als die Regierungspropaganda zu hören«, sagt Giesen. Die niederländische Journalistin Eva Rameloo bestätigt das. Sie war zuletzt im Mai 2021 mit dem französischen Reporter Simon Leplâtre in Xinjiang. Sie erzählt, dass die Überwachung zunächst weniger strikt schien als noch vor zwei Jahren. Die Kontrollen seien nun einfach verdeckter und raffinierter. Oft werden jetzt Corona-Maßnahmen als Vorwand genommen: »Bevor wir nach Xinjiang flogen, mussten wir natürlich einen Covid-Test machen. Als wir ankamen, war der auf einmal nicht mehr gültig. Am Flughafen wurden wir als Ausländer zunächst abgesondert und unsere Telefonnummern aufgeschrieben. Jede Nachbarschaft hat ihr Testzentrum. Wir mussten uns bestimmt alle zwei Tage testen lassen. Und an jeder Haustür ist ein QR-Code.«

In den größeren Städten wie Urumqi und Kashgar haben Überwachungskameras oft die Arbeit übernommen. Nur auf dem Land gab es im Mai 2021 noch die »klassische Überwachungsmethode«. »Männer folgten uns und achteten darauf, dass wir mit niemandem sprachen. Gleichzeitig will man natürlich auch keine Uiguren in Gefahr bringen. Einmal aber hörte ich eine Uigurin ein Lied singen, und ich wollte das für einen Radiobeitrag aufnehmen. Sofort aber erschienen wieder unsere Aufpasser und hinderten uns daran.«

Für andere Situationen hatten Rameloo und Leplâtre eine Liste parat, auf der Fragen in Uigurisch standen, die man alle mit Ja oder Nein beantworten konnte. In Geschäften, wo sie sich sicher fühlten und keine Kameras waren, zeigten sie diese den Menschen. Die Angst aber sei oft so groß gewesen, dass die Leute nicht einmal diese Fragen beantworten wollten.

Gleichzeitig schienen manche Dinge einfacher als 2018, bei Rameloos letzten Besuch. »Damals buchte man vorab ein Hotel in Xinjiang und als man ankam, wurde man wieder rausgeschmissen. Auf der Straße sah man zu dieser Zeit so gut wie keine Männer. All das war jetzt anders. In der Luft lag eine eigenartige Stimmung aus Angst und Freude. Mitte 2021 hatten wir mehr Freiheit, uns zu bewegen, als in den Jahren zuvor. Aber es war noch schwieriger, etwas herauszubekommen.«

Die kommunistische Partei versucht aber nicht nur, das Informationsmonopol innerhalb Xinjiangs zu kontrollieren. Ihr Einfluss auf das Narrativ macht sich auch außerhalb des eigenen Staatsgebiets immer deutlicher bemerkbar. Was das bedeutet, erfuhr im Juli 2021 wieder der französische Fotograf Patrick Wack. Seine Bilder zeigen oft seltsam entrückte Landschaften und Menschen, die etwas von fremder Schönheit und tiefer Trauer erzählen. Sie fanden Eingang in den Fotoband »DUST«, der im Herbst 2021 erschien. Etwas vorher aber, im Juli 2021, landeten zehn von Wacks Xinjiang-Bildern im Instagram-Feed des Unternehmens Kodak, mit dem er eine Kooperation hatte. Eines davon zeigt eine junge Frau auf einer grünen Wiese in scheinbarer Einsamkeit. Darunter stand »Massenarbeitslager werden in der Region aufgebaut – ein Zeugnis für Xinjiangs abrupten Abstieg in eine Orwell'sche Dystopie«. Schnell sprangen nationalistische chinesische Internetuser darauf an und bombardierten sowohl Wack als auch Kodak mit Nachrichten. »Falls Du in China bist, solltest Du ausgewiesen werden. Ich werde Dich der Polizei melden«, schrieb ein User namens »chinese_united«, und das war noch einer der harmloseren Kommentare.

»Ich habe Hunderte von Hass-Nachrichten bekommen, die mich als CIA-Agenten beschimpfen der westliche Propaganda betreibt, als Rassist und vieles mehr«, sagt Wack. »Manche riefen mich sogar an. Noch befremdlicher war es, dass sich auch Amerikaner und Europäer darunter befinden, also Leute, die nicht jeden Tag mit chinesischer Propaganda bestrahlt werden und es besser wissen müssten.«

Kodak knickte ein: Die Verantwortlichen löschten Wacks Foto, mit dem Hinweis, man wolle sich aus politischen Angelegenheiten heraushalten. »Die politischen Ansichten von Hr. Wack entsprechen nicht denen von Kodak und Kodak befürwortet diese auch nicht. Wir bitten um Entschuldigung für die Missverständnisse und Verletzungen, die dieser Post verursacht haben könnte.«

Auch der nationalistischen chinesischen Zeitung *Global Times* war das einen eigenen Artikel wert. In dem gab man sich naiv und führte die Idylle, die Wack auf seinen Fotos oft zeigt, als Beweis dafür an, dass es keine Arbeitslager gebe. Dem Fotografen unterstellte man Gier nach Geld und Aufmerksamkeit.

Wack, der mehrere Jahre in Shanghai verbracht hat und mittlerweile in Berlin lebt, meint zum Vorgehen von Kodak: »Weil sie eingeknickt sind, haben sie nun alle verärgert. Es ist peinlich.« Der Fotograf wiederum erhielt zahlreiche Mails und Posts, die das Vorgehen von Kodak verurteilten und sich solidarisch mit Wack erklärten.

Teil der aktuellen Phase der Informationskontrolle über Xinjiang ist eine aktive, aggressivere PR-Kampagne, an der sich auch nicht-chinesische Blogger beteiligen, die scheinbar ahnungslos schöne Landschaften und gutes Essen schildern. Die KPCh organisiert Touren für ausländische Unternehmen, Touristen und Journalisten nach Xinjiang, um ihnen dort eine perfekte Welt vorspielen zu können: Anfang Juli 2021 verkündete das chinesische Wirtschaftsministerium, »in der nahen Zukunft werden ausländische Unternehmer die Region besuchen«. Gao Feng, der Sprecher des Ministeriums sagte der staatlichen Nachrichtenagentur Xinhua: »Sie werden Baumwollfelder und -anlagen besichtigen und (...) die Wahrheit und Fakten respektieren.« Diese Potemkinschen

Dörfer werden in den kommenden Jahren der Weltöffentlichkeit vorgespielt werden und so die Meinung prägen – wenn es nach den Plänen des Regimes geht.

Zu der perfekten Scheinwelt, die Peking dort aufgebaut hat, kommt, dass die Umerziehungskampagne langsam abgeschlossen wird. Nach und nach scheinen die Lager nun wieder verkleinert zu werden. »Die chinesische Strategie der kulturellen Auslöschung der Uiguren tritt in eine neue Phase ein«, sagt der Aktivist und Datenforscher Adrian Zenz, der mit seiner akribischen Arbeit einen wichtigen Teil zur Wahrheitsfindung geleistet hat. »Die ersten Lager werden geschlossen. Arbeitsmaßnahmen sollen die Folter und Gehirnwäsche ersetzen.«

Für Journalisten und damit auch für die Weltöffentlichkeit wird es in Zukunft noch schwerer werden, hinter die Fassade zu schauen. Peking will die Verbrechen der vergangenen Jahre möglichst schnell unter den Teppich kehren und sowohl dem eigenen Volk als auch der Weltöffentlichkeit alles als Erfolg verkaufen: Radikale Maßnahmen seien nötig gewesen, um terroristische Elemente zu eliminieren, und nun könne jeder nach dem Pekinger Modell zu Wohlstand gelangen.

Zum Glück wächst inzwischen die Solidarität mit dem Schicksal der Uiguren. Menschenrechtsorganisationen, engagierte Politiker und Kenner der Region weisen vermehrt auf die Missstände hin und fordern westliche Regierungen zum Handeln auf: Das Schicksal der Uiguren muss (ähnlich wie das der Tibeter) in den kommenden Jahren vermehrt auch unser Verhältnis zum Regime in Peking bestimmen. Sonst laufen wir Gefahr, unsere Werte für steigende Absatzzahlen von Automobilkonzernen zu opfern. Indem wir uns zu schweigenden Mitwissern der Verbrechen machen, werden wir dem Regime ähnlicher, als wir es wollen.

Kashgar 2014

»Kashgar bildet die Frontlinie gegen den Terrorismus und benötigt soziale Stabilität.«

Xi Jinping, 2014

In Zentralasien hat man dieses Gefühl, als sei die Sonne klarer, die Erde dem Himmel näher, der Horizont weiter. Vielleicht liegt es an der schieren Ausdehnung der Landmasse, die die Optik verändert. Kashgar ist rund 2000 Kilometer vom Meer entfernt, so weit wie nur wenige Städte der Welt. Vielleicht ist es auch schlicht die Höhe – die heimliche Hauptstadt der Uiguren liegt 1200 Meter über dem Meeresspiegel. Auf jeden Fall schien mir auf dem Weg vom Flughafen in die Altstadt alles, was ich sah, als hätte jemand an meinen Pupillen gedreht und meine Sicht schärfer gestellt. Ich sah Wanderarbeiter aus ganz China Wohnungen für Tausende von Menschen aus dem Boden stampfen. »Kashgar Delevopment Zone« stand in großen Lettern vor einer Baustelle. Daneben ein Bild zweier Wolkenkratzer: Hier sollte das neue Wahrzeichen Kashgars entstehen, zwei 280 Meter hohe Zwillingstürme. Im Jahr 2020, so lautete der Plan, sollten hier eine Million Menschen leben, dreimal so viele wie 2014. Was dort nicht stand, war, dass es sich bei den neuen Bewohnern um Han-Chinesen und nicht um einheimische Uiguren handeln würde.

Ich war mit einem Rechercheauftrag nach Xinjiang gekommen. Die Geschichte ging über Chinas wirtschaftliche Aktivitäten in der Westprovinz. Seit Ende 2011 lebte ich in Shanghai und berichtete für ein deutsches Wirtschaftsmagazin. Ein Großteil meiner Arbeit drehte sich um die Erfolgsgeschichten und manchmal auch Probleme deutscher Unternehmen in China. 2013 war ich zum ersten Mal in der »Autonomen Region Xinjiang« gewesen, weil der deutsche Automobilkonzern Volkswagen gerade ein Werk nahe der Provinzhauptstadt Urumqi eröffnet hatte, von dem sich kein Experte so recht erklären konnte, wie sich das rechnen sollte. Damals war ich nur in Urumqi und der näheren Umgebung gewesen. Die Stadt war nach jahrzehntelanger Siedlungspolitik Pekings kaum mehr von einer der anderen chinesischen Großstädte zu unterscheiden (die sich wiederum alle gleichen). Nach uigurischen Merkmalen musste man in Urumqi suchen, rund 75 Prozent der 3,5 Millionen Bewohner waren Han-Chinesen. Die wenigen westlichen Ausländer, meist junge Englischlehrer, hingen in ihrer Freizeit alle in der Gongyuan Bei Jie, einer Barstraße, herum. Und während auf den breiten Bürgersteigen Uiguren Granatäpfel und Wassermelonen verkauften, standen an jeder Kreuzung Soldaten mit Maschinengewehren. Im Radio hieß es, abgedunkelte Fensterscheiben seien demnächst verboten, die Polizei müsse sofort sehen können, wer sich im Wagen befinde.

Kashgar aber war anders: Die über 2000 Jahre alte Karawanenstadt war 2014 von der Siedlungspolitik Pekings noch halbwegs verschont geblieben – zumindest demographisch: Noch waren 85 Prozent der Einwohner Uiguren. Aber das war, wie gesagt, dabei sich zu ändern.

Ich hatte mir ein kleines, günstiges Hotel mit einfachen Zimmern ausgesucht, das sich an meist westliche Backpacker richtete, von denen im Mai 2014 aber nur wenige hier waren. Ich gab meinen Pass an der Rezeption ab, und legte mich auf das quietschende Bett, um mich auszuruhen. Die Angestellten sandten in der Zwischenzeit die Daten an die zuständige Polizeistation. Das war ein übliches Prozedere für Ausländer in China. Meist war die Sache nach einer Viertelstunde erledigt. Diesmal aber war es anders: Irgendwann klopfte es an meiner Tür. Eine junge Frau, dem Aussehen nach Chinesin, bat mich um Entschuldigung.

»Es tut mir furchtbar leid, aber Sie können hier leider nicht bleiben.«

»Warum?«, fragte ich.

»Es ist wegen Ihres Visums. Mit einem Journalistenvisum dürfen wir Sie leider nicht beherbergen. Es tut mir wirklich furchtbar leid.«

»Aber ich bin hier als Tourist«, log ich.

»Es tut mir wirklich leid.«

Die Frau empfahl mir ein anderes Hotel, von dem sie vermutete, es würde auch Journalisten aufnehmen.

Das Qinibag-Hotel lag am Rande der historischen Altstadt und war ein großer, vielleicht 30 Stockwerke hoher Bau mit einer pompösen, gigantomanischen Lobby, wie sie typisch ist für chinesische Hotels in den Provinzstädten des Landes. Ein Kronleuchter hing von der Decke und die Angestellten trugen Uniformen. Als ich mein Zimmer sah, war ich über den unfreiwilligen Hotelwechsel nicht so unglücklich: Es war groß und ich hatte vom 19. Stock einen großartigen Ausblick über die Stadt. Man konnte gut erkennen, wie sich die historische Altstadt, die 2000 Jahre alten Lehmbauten, von der brutalen Architektur des chinesischen Wirtschaftswunders (die immer gleichen Wolkenkratzer) absetzte.

Abermals verging eine halbe Stunde, dann klingelte mein Zimmertelefon. Dieses Mal bat mich die Angestellte, in die Lobby zu kommen. Dort würden zwei Männer auf mich warten. Es handelte sich um zwei Polizisten, das heißt, zumindest trugen sie Uniformen. Einer von ihnen sah chinesisch aus, der andere eher zentralasiatisch. Beide sprachen ein gutes, fließendes Englisch, was zumindest damals in China noch eher selten war, und waren überaus freundlich. Wieder ging es um das Visum in meinem Pass.

»Sie können hier leider nicht recherchieren, dafür hätten Sie sich vorher anmelden müssen«, sagte der uigurisch aussehende Mann. »Es tut uns wirklich furchtbar leid, aber so sind eben die Gesetze.«

»Was ist, wenn ich nur als Tourist hier bin und gar nicht vorhabe zu berichten?«, fragte ich.

»Wenn das so ist«, sagte der Mann lachend, »dann ist ja alles in Ordnung. Wir wünschen Ihnen einen angenehmen Aufenthalt.«

Nach der Unterhaltung hatte ich das Gefühl, dass es allen Beteiligten darum gegangen war, den Schein zu wahren und keinen Ärger zu provozieren. Die Polizisten hatten meine Zusage, und ich wurde vorerst in Ruhe gelassen.

Am Nachmittag ging ich zum ehemaligen britischen Konsulat, einem kleinen Häuschen mit einem Baum davor. Der wenig repräsentative Bau erinnerte an eine Zeit, in der Kashgar einmal im Mittelpunkt eines Konflikts zweier Großmächte gestanden hatte. Ende des 19. Jahrhunderts konkurrierten die beiden Kolonialreiche Großbritannien und Russland darum, wer Zentralasien dominierte. Xinjiang oder »Ostturkestan« war damals eine arme Randprovinz des chinesischen Kaiserreichs, deren Unterhalt kaum weniger kostete, als die Steuereinnahmen einbrachten. Ich aß ein Curry in einem kleinen Café, dessen Namen ich leider vergessen habe. Aber ich erinnere mich noch gut daran, dass ich einen Händler aus Pakistan traf, der mir eine Handvoll Edelsteine zeigte. Die, sagte er, tausche er hier gegen iPhones und dann fahre er wieder über den Karakorum Highway in 4000 Meter Höhe zurück nach Pakistan.

Anschließend machte ich einen Spaziergang durch die Altstadt von Kashgar. Auch 2014 konnte man bereits viel über die brachiale Herrschaft Chinas in der Provinz lesen. Was Kashgar betraf, so ging es vor allem um die systematische Zerstörung der Altstadt. Man war dabei, die jahrtausendealte aus Lehm gebaute Stadt abzureißen, und durch Neubauten zu ersetzen. Man wolle die Stadt erdbebensicher machen, sagte die Regierung – eine Stadt, die wohlgemerkt 2000 Jahre alt ist und schon mehr Erdbeben überstanden hatte als die meisten anderen Städte dieser Welt. Experten sagten, für die chinesischen Behörden seien die verwinkelten Gassen zu schwer zu kontrollieren. Man fürchte, Terroristen könnten hier Unterschlupf finden. Vielleicht war ich von dieser Nachricht auch weniger geschockt, weil ich bereits über drei Jahre in China lebte und wusste, dass dies überall im Land geschehen war und noch immer geschah. Ein Land mit 1,3 Milliarden Menschen beraubte sich systematisch seiner eigenen Geschichte und Identität. Alles musste neu werden. Alles musste gleich werden.

Und so war ich bei meinem Spaziergang, der mich in die Nähe des Hostels führte, von dem ich wenige Stunden zuvor abgewiesen worden war, zunächst etwas verwundert: Die Straßen und Häuser sahen eigentlich nett und irgendwie auch originell aus. Zwei- bis dreistöckige leicht rötliche Gebäude, an deren Fenstern und Türen irgendwie islamisch wirkende Ornamente angebracht waren. Davor grillten Menschen in uigurischer Tracht Fleischspieße und ab und zu stakste ein Esel durchs Bild. Das Ganze war nicht idyllisch, aber doch sehr touristenfreundlich. Alles wirkte fremdartig und exotisch, aber doch sicher, angenehm und komfortabel – ganz so, als spazierte man durch eine Westernstadt mit echten Cowboys.

Die Szenerie aber änderte sich, als ich tiefer in die Stadt hinein wanderte. Neben zahlreichen Ruinen und Baustellen konnte man noch hin und wieder die alten Lehmhäuser sehen. Es waren eigenartig enge, dunkle Gassen, die weder lebendig noch ganz tot wirkten. Die Kleidung spielender Kinder war die einzige Farbquelle inmitten der lehmfarbenen Hauswände. Ich fühlte mich nicht unwohl oder unsicher, aber doch wie ein Fremdkörper, der hier nicht hingehörte, als ob ich Zeuge von etwas wurde, das ich nicht sehen sollte. Später ging ich zur Moschee von Kashgar, wo Soldaten die Betenden kontrollierten. Erst als ich am nächsten Tag mit Mehmet, meinem Übersetzer, sprach, fügte sich das Bild zusammen:

»Das, was du zuerst gesehen hast, ist alles Fassade«, sagte er. »Sie haben die jahrhundertealten Häuser abgerissen und dann nach einem Einheitsstil, den sie ›orientalisch‹ nennen, neu aufgebaut. Es ist alles künstlich und für chinesische Touristen schön hergerichtet.«

»Was ist mit den Menschen passiert?«

»Man hat sie umgesiedelt, dort hinten, wo die Hochhäuser stehen. Sie behaupten, alle hätten sich darüber gefreut, weil sie jetzt mehr Komfort haben. Aber das ist eine Lüge. Die allermeisten von uns wollten nie weg aus ihren alten Häusern. Aber hat man sie gezwungen.«

Mehmet zeigte mir zum Beweis einige Baustellen und Ruinen, in denen der Umgestaltungsprozess beziehungsweise die Zerstörung der Altstadt gerade im Gange war. Die Altstadt von Kashgar war bis dahin bekannt gewesen als »das am besten erhaltene Beispiel einer traditionell islamischen Stadt in Zentralasien«. 2009 hatte Peking mit der Zerstörung begonnen, obwohl es immer wieder Versuche gab, die Altstadt auf die UNESCO-Liste des Weltkulturerbes zu setzen. Nichts aber konnte die Machthaber umstimmen. Und so war 2014 nur noch ein kleiner Rest der einstigen großen Oasenstadt übrig. Wie überall in China aber war stattdessen eine monotone Betonwüste entstanden: 20-stöckige Hochhausblöcke verbunden mit Schnellstraßen.

Abends aßen Mehmet und ich in einem kleinen uigurischen Restaurant traditionelle Teigtaschen. In dem einfach gehaltenen Lokal saßen nur uigurische Gäste, und von denen waren die meisten Männer. Mehmet war mir wiederum von Ali empfohlen worden, meinem Übersetzer in Urumqi, der später so etwas wie ein Freund wurde und mich in Shanghai mit einer Kiste voller Mandarinen aus Xinjiang besuchte. Mehmet war Anfang 30. Von Statur her war er klein und stämmig und hatte wache Augen. Er sprach gutes Englisch und er erzählte mir, dass er sich vor einiger Zeit bei der VW-Fabrik in Urumqi beworben hatte.

»Aber sie nehmen dort keine Uiguren«, sagte er. »So ist es überall. Die Chinesen bekommen die Jobs, wir kriegen höchstens, was übrig bleibt.« Jetzt schlug er sich als Touristenführer und Übersetzer durch. Es fiel ihm schwer, seine Abneigung gegen alles Chinesische zu verbergen.

Mehmet holte mich am nächsten Tag mit einem befreundeten Taxifahrer ab. Es war ein kleines, altes Auto, bei dem man sich wie damals in den meisten Autos nicht anschnallen konnte. Unser Plan war, den Karakorum Highway bis nach Tashkurgan, an der Grenze zu Pakistan, hinaufzufahren. Schon nach wenigen Minuten näherten wir uns dem ersten Militär-Checkpoint. Mehmet riet mir, mich zu ducken, denn wenn die Beamten einen Ausländer im Taxi sähen, würden sie misstrauisch werden und es gäbe Ärger. Ich tat, was er sagte.

Tatsächlich passierten wir die erste Sperre recht schnell. Der Fahrer sagte, er werde nur noch Schleichwege nehmen, bis wir den Highway erreicht hätten. Das war etwas abenteuerlich, da wir durch engste Gassen und Feldwege rasten, von denen die meisten nicht geteert oder überhaupt für den Straßenverkehr zugelassen waren. Aber alles funktionierte ohne Probleme, wir erreichten die Schnellstraße und von nun an ging es höher und höher hinauf. Die Landschaft war von einer fremden Schönheit: Felsen, die ihre Farbe wechselten, tiefgrüne völlig stille Seen und über allem ein blauer Himmel, der immer näher zu kommen schien. Mit der Zeit sahen wir immer weniger Bäume, bis die Landschaft völlig kahl geworden war. Die Straße führte von 1200 auf 4700 Meter hinauf, zum Kunjirap-Pass, einem der höchsten Grenzübergänge der Welt.

Kashgar, das sah man auf dem Weg zur pakistanischen Grenze deutlich, sollte ein internationales Handelszentrum werden, von wo aus Peking seine Verbindungen nach Zentralasien und Pakistan ausbauen könnte. Auch eine Eisenbahnstrecke nach Gadar in Pakistan war in Planung – der Hafen liegt zwar auf pakistanischem Staatsgebiet, ähnelt aber eher einer chinesischen Kolonie. Parallel dazu war eine Pipeline vorgesehen, die Öl vom Persischen Golf und Erdgas aus dem Iran nach China bringen sollte. Und schließlich sollte es eine Bahnverbindung nach Teheran im Iran geben. Schon damals war Kashgar ein wichtiger Baustein für die zentralasiatischen Expansionspläne Pekings. Für kulturelle oder gar politische Autonomie der Uiguren war da kein Platz.

»Natürlich geht es materiell allen besser«, gab auch Mehmet zu. »Auch wir haben jetzt Smartphones und genug zu essen. Nur geht es den Uiguren ein bisschen, den Han-Chinesen aber viel besser. Fast alle hohen Regierungsstellen sind mit Chinesen besetzt. Und viele der Beamten sind korrupt und betreiben Vetternwirtschaft.«

Der Fahrer sagte etwas und deutete nach rechts. Mehmet übersetzte: Dort hinter dem Gebirge sei Afghanistan. »Terrorists«, sagte er in kehligem Englisch und lachte. Chinas Grenze zu Afghanistan ist nur wenige Kilometer lang. Der Wakhan-Korridor ist ein langgezogenes Flusstal, das zu Afghanistan gehört und Tadschikistan und Pakistan voneinander trennt. Der Korridor wurde Ende des 19. Jahrhunderts dem damals unabhängigen Königreich Afghanistan zugeschlagen, um einen Puffer zwischen dem britischen und russischen Kolonialreich zu schaffen. Für Peking ist diese Landesgrenze ein Grund unter vielen, weshalb man die Provinz Xinjiang für so gefährlich hält. Angeblich würden Terroristen von hier aus nach China gelangen.

Tatsächlich war es gerade zu einer Anschlagserie uigurischer Terroristen in China gekommen: Am 22. Mai 2014 waren zwei Autos in eine belebte Straße von Urumqi gefahren und zwei Bomben detonierten. 31 Menschen starben, 90 wurden verletzt. Sorgen bereitete der chinesischen Regierung vor allem, dass uigurische Terroristen und Separatisten auch außerhalb der Provinz Anschläge verübten. Nur wenige Tage zuvor war ein Mann im südchinesischen Guangzhou in einem Bahnhof mit einem Messer auf Menschen losgegangen und hatte sechs Passanten getötet. Am 1. März 2014 waren schwarz gekleidete Täter, Frauen und Männer, plötzlich mit Messern und Macheten auf Passagiere an einem Zugbahnhof in Kunming in Südchina losgegangen und hatten ein Massaker verübt: Es dauerte nur einige Minuten, danach waren 29 Menschen tot, und 140 weitere verletzt, bis die Täter schließlich erschossen wurden. Die Staatsmedien sprachen von »Chinas 11. September«, davon dass »China sich unter dem

Einfluss des internationalen Terrorismus'« befinde, der nun in eine heiße Phase laufe.

Vielleicht empfanden die Kader in Peking die Vorfälle damals auch als Ausdruck von »Undankbarkeit«. Denn ohne Zweifel konnte man sehen, wie viel Geld in die Entwicklung der Provinz floss. Vielleicht dachten sich manche: »Jetzt investieren wir Milliarden in diese abgelegene Provinz und anstatt sich über die Möglichkeiten zu freuen, verüben sie Terroranschläge.«

Rückblickend war 2014 so etwas wie ein Wendejahr für die Uiguren und die anderen Minderheiten Ostturkestans. Im Frühjahr hatte Präsident Xi Jinping die Region besucht und dann, wie fünf Jahre später bekannt wurde, eine neue Politik verkündet: Er forderte einen umfassenden »Kampf gegen Terrorismus, Infiltration und Separatismus«, bei dem »absolut keine Gnade« gezeigt werden dürfe.

Die Landschaft auf dem Weg zur pakistanischen Grenze wurde immer unwirtlicher. Bäume wuchsen hier oben keine und die Temperaturen hatten nichts mehr mit dem frühsommerlichen Wetter in Kashgar zu tun. Dafür sahen wir immer wieder südchinesische Baufirmen mit Trupps von Wanderarbeitern, die dabei waren, die Straße auszubauen. Nach etwa vier Stunden Fahrt erreichten wir einen Bergsee. Hinter dem Ufer auf der gegenüberliegenden Seite erhoben sich schneebedeckte Berge, die sich in dem scheinbar totenstillen grünblauen Wasser spiegelten. Ein paar Yaks grasten in der Nähe und gleich dort, wo wir geparkt hatten, war auch die einfache Hütte eines Kirgisen. Um noch zum Grenzübergang Tashkurgan zu kommen, war es bereits zu spät. Also drehten wir um und fuhren wieder abwärts nach Kashgar. All das war 2014, und mindestens drei Jahre, bevor der Albtraum begann.

Uyghur Tribunal I

»Gott existiert nicht, aber Xi Jinping existiert und hat viele gute Dinge getan.«

Zumret Dawut
Geboren 1982 in Urumqi, Xinjiang
Händlerin

Zumret Dawut heiratete 2005 einen Pakistani und das Paar bekam drei Kinder. 2016 beantragte die Familie Visa für die USA, daraufhin wurden im August 2017 ihre Reisepässe von den chinesischen Behörden eingezogen und ihre biometrischen Daten erfasst. Sie erinnert sich, dass die Überwachungsmaßnahmen 2016 massiv zunahmen. Sie musste auf dem Handy eine App installieren, die ihre Gespräche abhörte. »Jedes Mal, wenn ich etwas über Religion sagte, erhielt ich plötzlich einen Anruf von den Behörden, die genau wissen wollten, was ich gesagt hatte«, erzählt sie. Etwa zeitgleich forderte man im Ausland lebende Uiguren auf, an ihren Geburtsort zurückzukehren. Die Polizeipräsenz in Urumqi wurde massiv erhöht. Laut Dawut entstand nun alle 300 Meter eine Polizeistation – die Wachleute waren meist Han-Chinesen aus anderen Provinzen. Bei Routinekontrollen musste sie ihr Smartphone zeigen: Wer Apps wie *WhatsApp* und *Facebook* installiert hatte, bekam Probleme. Auch Bilder der türkischen Flagge reichten als Grund. Ihre Wohnung bekam einen QR-Code, den Sicherheitsleute alle zwei Tage scannten, und ihr Internetrouter wurde durch ein Gerät der Behörden ersetzt.

Am Vormittag des 31. März 2018 erhielt Dawut einen Anruf, sie möge sich bei einer Polizeistation einfinden. Ihr Ehemann war während dieser Zeit nicht daheim. Auf dem Revier nahmen ihr die Polizisten das Smartphone ab und führten sie in den Keller, wo sie gezwungen wurde, auf einem »Tiger-Chair« Platz zu nehmen, einem Metallstuhl mit Fesseln für Hände und Füße, die ihr angelegt wurden. Anschließend begann ein Verhör, das bis zum Morgen des nächsten Tages dauern sollte. Die Beamten fragten sie, warum sie eine pakistanische Nummer gewählt habe, weshalb sie Geld nach Guangzhou überwiesen habe und weshalb sie nach Japan und Singapur gereist sei. Dawut erzählt, sie habe wegen der Schmerzen an ihren Hand- und Fußgelenken zu weinen begonnen. Als sie bat, die Toilette benutzen zu dürfen, forderten die Beamten sie auf, vor ihnen zu urinieren.

Am 1. April brachte man Dawut zurück ins Erdgeschoss. Sie sollte graue Kleidung anziehen, dann wurde ihr Blut abgenommen, Fotos gemacht und Fingerabdrücke genommen. Im Lager angekommen, erinnert sich Dawut noch an die Zellennummer: 28.

»Die Zelle war etwa 25 Quadratmeter groß. Es roch sehr streng, wie auf einer Toilette. In dieser Zelle waren mehr als 30 Frauen. Die Hälfte von ihnen lag in Betten und die andere Hälfte stand. Ich merkte bald, dass sich die Frauen alle drei Stunden mit Liegen und Stehen abwechselten.«

Als sie am nächsten Morgen erwachte, wurde sie dazu genötigt, Medizin zu nehmen, von der sie nicht wusste, was es war. Wächter kamen, um die Zelle zu desinfizieren, indem sie alle Frauen mit Desinfektionsmittel besprühten, was bei einigen Hautreizungen verursachte.

Dawut erinnert sich an eine ältere Frau, die an Diabetes litt. Als sie ihr ein Stück von ihrem Brot gab, kamen sofort

Wächter und schlugen sie. Jede Kommunikation zwischen den Gefangenen war untersagt und ohnehin dadurch erschwert, dass die Gefangenen fast täglich die Zellen wechselten. Alle zwei Wochen wurde ihnen Blut abgenommen, so viel, dass Dawut für einige Stunden schwindlig war. Täglich wurde sie verhört: »Ich wurde zum Beispiel gefragt, ob ich an die Existenz Allahs glaubte. Als ich die Frage nicht verneinte und schwieg, schlugen sie mich. Die Lagerwachen verglichen Allah mit Xi Jinping und erklärten, dass Allah nicht existiert. Xi Jinping aber existiere und habe viele gute Dinge für uns getan. Anschließend mussten wir mehrmals schreiben, wie viele gute Dinge Xi Jinping getan hat.« Dawut erzählt auch von noch kleineren Zellen, die nur einen Quadratmeter groß waren, in denen man weder stehen noch liegen konnte und in die manchmal Insassen zur Strafe gebracht wurden.

Dawut sagt, sie sei selbst nicht vergewaltigt worden. Allerdings habe sie oft beobachtet, wie die Wachen junge, hübsche Frauen mitnahmen. Als die Frauen nach Stunden wieder in die Zelle kamen, weinten sie und hatten blaue Flecken und Wunden am Körper.

Am 2. Juni wurde Dawut aus dem Lager zurück zu einer Polizeistation gebracht. Sie erzählt, die uigurischen Polizisten seien freundlich zu ihr gewesen und hätten ihr Tee angeboten. Ihr Mann erschien ebenfalls auf der Wache und musste ein Dokument unterschreiben, das besagt, er hätte seine Frau freiwillig in ein Lager eingewiesen. Ihr Mann erzählte ihr, dass er zunächst bei allen Polizeistationen in der Nähe nach ihr gefragt hatte. Später reiste er zweimal nach Peking und drohte den Behörden, den Fall an internationale Medien weiterzugeben.

Wieder in »Freiheit« aber wurde Dawut und ihrer Familie eine Han-Familie zugeteilt. Die zwei Erwachsenen und zwei Kinder schliefen und aßen nun jeden Monat zehn Tage lang bei Dawut. Sie musste sie verpflegen und Besorgungen für sie erledigen. Die Chinesen stellten immer wieder Fragen über ihre Religion, um zu überprüfen, ob die Umerziehung erfolgreich war.

Außerdem war es von nun an Pflicht, jeden Montagmorgen einer Flaggen-Zeremonie beizuwohnen. Nach einer dieser Veranstaltungen wurden Dawut und 200 andere Frauen aufgefordert noch länger zu bleiben. Ihnen wurde mitgeteilt, dass sie sich sterilisieren lassen müssen. Die Prozedur fand im November 2018 statt. Nach ihrem Krankenhausaufenthalt wurde Dawut von den bei ihr einquartierten Chinesen darüber befragt, ob sie die Operation auch für sinnvoll erachtet habe.

Am 27. Januar 2019 erhielten Dawut und ihre Familie schließlich ihre Pässe zurück. Kurz darauf flogen sie nach Islamabad in Pakistan und von dort aus weiter in die Vereinigten Staaten von Amerika. Dort begann Dawut mit amerikanischen Medien über ihr Schicksal zu sprechen. Kurz darauf bekam sie einen Anruf von ihrem Bruder in Urumqi. »Er sagte, ich solle damit aufhören. Die Polizei hätte unseren Vater inhaftiert.«

Am 23. September 2019 sagte Dawut vor den Vereinten Nationen in New York aus. Die chinesische Regierung bezeichnete sie daraufhin öffentlich als Lügnerin.

Am 12. Oktober erfuhr sie, dass ihr Vater gestorben war. »Mein Vater war ein gesunder Mann. Ich bin mir zu 100 Prozent sicher, dass die chinesische Regierung ihn körperlich und seelisch misshandelt hat und so für seinen Tod verantwortlich ist.«

Dawut fühlt sich bis heute nicht sicher. Sie leidet noch immer unter den körperlichen Folgen der Operation.

Eine kurze Geschichte der Uiguren

Frühgeschichte

In der Türkei kann es einem schnell passieren, dass gebildete Gesprächspartner von der türkischen Frühgeschichte schwärmen. Schnell schwirrt einem der Kopf, wenn über versunkende Großreiche in Zentralasien und der großen Verwandtschaft aller Turkvölker ausholend parliert wird. Vom Bosporus bis nach Sibirien, in die Mongolei, ja sogar bis ins nördliche Japan sollen diese Verwandtschaftsbeziehungen reichen. Nicht alles davon ist wahr, beziehungsweise historisch erwiesen. Tatsache aber ist, dass die zentralasiatische Steppe jahrhundertelang von Völkern und Stämmen bewohnt war, die große Ähnlichkeiten aufweisen. Sie teilten Sprache und nomadische Lebensweise, und sie dominierten in verschiedenen Konstellationen die weite Landmasse zwischen der Taklamakan-Wüste im Osten und dem Kaspischen Meer im Westen. Im Norden bildete die sibirische Tundra eine natürliche Grenze, waren die Nomaden doch für ihre Pferde auf Weiden angewiesen. Im Süden lag der Hindukusch, der Himalaya und die zerklüftete Landschaft Afghanistans.

Einer dieser Stämme, die Seldschuken zog im 10. und 11. Jahrhundert nach Westen. Nachdem sie 1071 bei Manzikert, in der heutigen Osttürkei, ein byzantinisches Heer vernichtend geschlagen hatten, siedelten sich die Nomaden im anatolischen Hochland an. Aus den Seldschuken gingen die Osmanen hervor, und aus den Trümmern des osmanischen Reiches formte Kemal Atatürk 1923 die moderne Türkei. Die

Säkularisierung der Türkei aber hinterließ ein ideologisches Vakuum, in dessen Folge viele Nationalisten sich auf ihre vorislamischen Ursprünge und Vorfahren in Zentralasien besannen, und von einem türkischen Großreich träumten.

Die Geschichte des vermeintlichen Brudervolks Tausende Kilometer östlich aber hatte einen völlig anderen Verlauf genommen.

Es ist nicht immer leicht, die Geschichte eines Volkes zu erzählen, das sich selbst noch keine 100 Jahre als Volk definiert. Wenn man ehrlich ist, geht es den Deutschen kaum anders. Während Franzosen und Briten sich vielleicht seit 500 Jahren als solche bezeichnen, ist die Zeitspanne bei den Deutschen schon wesentlich kürzer. Ganz grob kann man sagen, dass die Ideologie des Nationalismus, wonach eine Ethnie innerhalb eines geographisch begrenzten Raums lebt, Anfang des 19. Jahrhunderts in Europa entstand. Noch der österreichische Fürst Metternich soll beim Wiener Kongress 1814/15, der die Ordnung in Europa nach den napoleonischen Kriegen bestimmte, von der Idee schockiert gewesen sein: Angesichts des Völkergemischs in Österreich-Ungarn jeder Ethnie ein bestimmtes Gebiet zuzuweisen, müsse unweigerlich ins absolute Chaos führen.

Und doch verbreitete sich diese Idee von Europa in den kommenden zwei Jahrhunderten in die ganze Welt. Das Konzept der Nationalstaaten ersetzte nach dem Zweiten Weltkrieg die Kolonialordnung und zahlreiche Völker »entdeckten« ihre Identität. Der letzte große Konflikt basierend auf der Idee des Nationalismus waren wohl die Jugoslawien-Kriege in den 1990er Jahren.

Es ist sinnvoll, dies im Hinterkopf zu behalten, wenn man von »den Uiguren« spricht. Die Idee eines Volkes ist immer ein Konstrukt und man kann mit relativ hoher Sicherheit sagen, dass es so etwas wie eine »uigurische Identität« vor 1900 nicht gegeben hat. Was aber damals wie heute existiert, sind zahlreiche Gemeinsamkeiten, die die Menschen innerhalb der chinesischen Provinz Xinjiang miteinander verbinden und sie gleichzeitig von den Han-Chinesen, dem Mehrheitsvolk der Volksrepublik China, unterscheiden.

Das meiste, was wir über die Herkunft und frühe Geschichte der Uiguren wissen, stammt aus chinesischen Quellen. Das Kaiserreich befand sich Jahrhunderte lang in einem Abwehrkampf mit den nördlichen und westlichen Reitervölkern, die die vor allem Ackerbau betreibende chinesische Zivilisation bedrohten. Lange vor der Landnahme der Türken in Anatolien entstand in Zentralasien ein Uigurisches Großreich (745 bis 844). Um es noch komplizierter zu machen, hatte dieses Khanat geographisch nicht viel mit der heutigen Region Xinjiang zu tun. Das Reich erstreckte sich in etwa über die heutige Mongolei und die Übergänge zwischen Mongolen, Uiguren und anderen Turkvölkern waren fließend. Über die Geschichte hinweg fanden sich immer wieder verschiedene Stämme in Konföderationen zusammen, die vorübergehend auch Großreiche bildeten, weswegen auch die direkte ethnische Verwandtschaft der heutigen Uiguren mit dem Khanat aus dem Frühmittelalter umstritten ist.

Während dieser Periode entstand durch den Kontakt mit persischen Sogdiern die uigurische Schrift, die dem aramäischen Alphabet ähnelte. Erst nach der Islamisierung wurde diese Schrift durch arabische Buchstaben ersetzt.

Legenden zufolge sollen es adelige Flüchtlinge des 844 zerschlagenen Großreichs gewesen sein, die sich rund um die Taklamakan-Wüste ansiedelten, der südlichen Hälfte des heutigen »Uigurischen autonomen Gebiet Xinjiang«, wie das Land offiziell in China genannt wird. Etwa 100 Jahre später konvertierten sie wie nahezu alle Turkvölker Zentralasiens zum Islam, der in den folgenden Jahrhunderten identitätsstiftend für die Uiguren wurde. Ihre nomadische Lebensweise hatten sie gegen Landwirtschaft und Viehzucht in den zahlreichen Oasen getauscht. Außerdem lebten sie vom Handel, weil sich genau in dieser Region die Seidenstraße in eine nördliche und südliche Straße aufspaltete. Die uigurischen Städte sind entlang des Handelswegs fast kreisförmig aufgereiht. Wie alle benachbarten Völker und Reiche wurden auch die uigurischen Oasenstädte Ende des 12. Jahrhunderts von Dschingis Khan unterworfen und gingen im mongolischen Großreich auf, dessen Nachfolgereiche die Region bis zum Ende des 16. Jahrhunderts beherrschten. Als diese Zeit zu Ende ging, hatten die Uiguren mit der nomadischen Lebensweise verwandter Turkvölker nicht mehr viel zu tun. Sie lebten in Städten. Das alte Turkvolk hatte sich über die Jahrhunderte hinweg mit zahlreichen anderen Völkern der Region vermischt: mit indogermanischen Tocharern und Sogdiern, mit turkstämmigen Kirgisen und Usbeken, mit Chinesen, Mongolen und Tibetern. Zu diesem Zeitpunkt, Ende des 18. Jahrhunderts, ist es sinnvoller, von einem Völkergemisch zu sprechen, dem islamische Religion, uigurische Sprache und eine Oasen-basierte Lebensweise gemeinsam war. Mit den chinesischen Dynastien im Osten standen diese Völker stets über die Seidenstraße in Kontakt. Zu militärischen Auseinandersetzungen aber kam es während des gesamten Spätmittelalters kaum. Erst Ende des 14. Jahrhunderts gelang es Chinesen, die mongolische Fremdherrschaft abzuschütteln, und unter der Ming-Dynastie (1368–1644) war China ein in sich gekehrtes und auf sich selbst konzentriertes Kaiserreich.

Das änderte sich erst mit der Machtübernahme der Mandschus, die als Qing-Dynastie in die chinesische Geschichte eingingen und das Land bis zur Revolution 1912 beherrschten. Unter den Mandschus erreichte das Kaiserreich seine größte territoriale Ausdehnung, und noch heute leitet Peking aus dieser Zeit Gebietsansprüche ab.

Neuzeit und chinesische Besatzung

Mitte des 18. Jahrhunderts eroberten Truppen der Qing-Dynastie die Region. Es vergingen allerdings noch einige Jahrzehnte, bis das Gebiet auch offiziell eine Provinz des chinesischen Kaiserreichs wurde. Die Herrschaft der Mandschus war indirekt. Man verließ sich, wie vorherige Herrscher der Region, auf lokale Eliten, die für den Kaiser die Steuern eintrieben. Abgesehen von einigen Stützpunkten mit Garnisonen und Beamten dürften die meisten Bewohner von Xinjiang, was »neue Grenze« bedeutet, wenig von den neuen Herren mitbekommen haben. Viel zu holen war in der Provinz für die Mandschu-Kaiser nicht: Die goldenen Zeiten der Seidenstraße waren lange vorbei. Der Welthandel hatte sich auf die Ozeane und europäische Schiffe verlagert. Die Vorteile einer militärischen Präsenz überwogen kaum die Nachteile, und in den 1820er Jahren überlegte man in der Verbotenen Stadt, die Provinz wegen der hohen Kosten wieder vollständig aufzugeben. Als es in den 1860er Jahren zu Aufständen unter der muslimischen Bevölkerung kam, zogen sich die chinesischen Truppen tatsächlich für einige Jahre vollständig aus der Region zurück. Viele uigurische Nationalisten sehen diese Rebellion als Beginn der uigurischen Unabhängigkeitsbewegung. Ein Bild des Rebellenführers Jakub Bek hängt noch heute in vielen uigurischen Restaurants außerhalb Chinas.

Bek wurde in den 1820er Jahren im heutigen Usbekistan geboren und war zunächst ein Kriegsherr im Dienste der Mandschus. Im Zuge der Unruhen machte er sich 1867 zum Emir von Kashgar. Bek scharte aufständische Muslimeum sich und es gelang ihm, seine Herrschaft in der Region für einige Jahre zu konsolidieren. Eine Randnotiz: Beks Reich »Kashgaria« oder »Yettishar«, was auf Türkisch »Yedi Sehir« und auf Deutsch »Sieben Städte« bedeutet, erklärte sich 1873 zum Vasallen des Osmanischen Reiches. Gleichzeitig versuchte er, zwischen Russland und Großbritannien im »Great Game«, dem Kampf um die Vorherrschaft in Zentralasien, zu lavieren und die beiden Großmächte gegeneinander auszuspielen. Eine chinesische Offensive aber drängte Bek immer weiter zurück. Er wurde 1877 ermordet, im selben Jahr fielen auch die Städte Turfa, Kashgar und zuletzt Khotan an die Mandschu zurück.

Ein festes Konzept einer uigurischen Nation aber existierte zu dieser Zeit nicht: Die Bewohner der Region definierten sich über ihren muslimischen Glauben und nicht über eine ethnische Zugehörigkeit.

Die Rückeroberung des Tarimbeckens durch die Qing führte aber 1881 dazu, dass Peking die Provinz nun fester an das Reich binden wollte. Anstatt sich auf lokale Eliten zu verlassen, schuf man nun eine Bürokratie, deren Schaltstellen man mit Han-Chinesen besetzte. Uiguren konnten sich als deren Beamte anstellen lassen. Zum ersten Mal in der Geschichte Turkestans strebte man von Seiten Pekings auch eine Assimilierung der uigurischen Eliten an. Mandarin wurde zur offiziellen Amtssprache. Das Schulsystem wurde reformiert und auf konfuzianische Werte ausgerichtet. In den letzten

Jahren des chinesischen Kaiserreichs glich die Provinz am ehesten einer entlegenen Kolonie, wie sie europäische Mächte vielleicht in Asien oder Afrika hatten. Während die lokalen Eliten sich teilweise sinisierten, änderte sich am Leben der einfachen Bevölkerung kaum etwas. Die uigurischen Sitten und Gebräuche waren von der chinesischen Herrschaft nicht betroffen. Auch das Netzwerk aus traditionell-islamischen Schulen existierte parallel zum chinesischen Schulsystem.

Die Republik und die Kriegsjahre

Wie in Europa so waren auch in Ostasien die Anfangsjahre des 20. Jahrhunderts eine Zeit des großen Umbruchs. Das chinesische Kaiserreich sah sich immer größeren Demütigungen durch die europäischen Kolonialmächte ausgesetzt, die Teile des Staatsgebietes in Kolonien verwandelten, darunter Hongkong, Shanghai und Qingdao. Japan annektierte sogar ganze Provinzen im Nordosten Chinas. Die in Riten, Traditionen und im Glauben an die eigene Überlegenheit erstarrte Qing-Dynastie sah sich unfähig darin, den Staat zu reformieren. Der Unmut in der Bevölkerung wuchs, hinzu kamen Wirtschaftskrisen und Hungersnöte.

1912 wurde in Peking die Qing-Dynastie gestürzt. Das chinesische Kaiserreich wurde zur Republik und Sun Yatsen ihr Präsident. Sun wird heute noch in der Volksrepublik und in Taiwan gleichermaßen verehrt. Doch auch aus China wurde nicht über Nacht eine Nation. Ähnlich wie nach der Russischen Revolution die Sowjetunion »erbte« die neue chinesische Republik die von den Mandschus eroberten Provinzen: neben Tibet und der Inneren Mongolei auch Xinjiang. Doch Teil dieser Erbschaft war nicht nur die gewaltige

Landmasse, die die Mandschus vor Jahrhunderten erobert hatten, sondern auch deren durch Jahrzehnte entstandene Misswirtschaft, Korruption und Ineffizienz. In der Folge zerfiel das Land in von wechselnden Kriegsherren beherrschte Teilreiche. Xinjiang blieb eine Randprovinz, die meist nur formell zu China gehörte. Historiker sehen in dieser chaotischen Periode von 1912 bis in die 1930er Jahre die »Geburt der uigurischen Nation«, beziehungsweise das Erwachen eines uigurischen Nationalbewusstseins, das schließlich in der Gründung der beiden kurzlebigen Republiken Ostturkestan mündete.

Beides hatte mit dem zunehmenden sowjetischen Einfluss auf die Region zu tun. Denn während China in den Wirren des Bürgerkriegs versank, festigte Stalin in der Sowjetunion seine Macht. Die Regierung in Moskau unterschied sich in ihrer imperialistischen Politik wenig von ihrem Vorgänger, der Zarenregierung, und hatte ein großes Interesse daran, ihren Einfluss in Zentral- und Ostasien auszudehnen. Zeitgleich bekamen Uiguren, die Xinjiang in den 1880er Jahren Richtung Kasachstan verlassen hatte, den Status einer »Nation« zuerkannt.

Auch der Begriff »uigurisch« geht auf marxistisch gesinnte Uiguren in Kasachstan in den 1920er Jahren zurück. Die Vorgänge in der benachbarten Sowjetrepublik irritierten den republikanischen Statthalter der Provinz, Yang Zengxin, derart, dass er in Kasachstan ein Generalkonsulat eröffnen ließ, um die »antiimperialistischen Umtriebe« besser beobachten zu können. Sein Nachfolger Jin setzte nach 1928 noch mehr Energie daran, die unruhige Provinz in den Griff zu bekommen. Als er 1932 Truppen aus der Mandschurei zur Hilfe rief, um einen Aufstand niederzuwerfen, ergriff der General der Truppen, Sheng Shicai, selbst die Macht.

1933 aber erklärte sich der überwiegend muslimische Südteil der Provinz als »Republik Ostturkestan« für unabhängig. Lange lebte das Staatsgebilde nicht – schon im März 1934 wurde es von Shengs Truppen, der nun sowjetische Unterstützung bekam, erobert. 1937 war die gesamte Provinz unter der Kontrolle Shengs. Für das uigurische Nationalbewusstsein aber war diese erste Republik enorm wichtig.

Sheng war formal ein Statthalter der nationalistischen Regierung in Nanjing, de facto aber vor allem Herrscher von Moskaus Gnaden. Das ging so weit, dass Sheng sogar Mitglied der kommunistischen Partei wurde. Im Nachhinein wirkt es geradezu ironisch, dass es ausgerechnet sowjetische Berater Shengs waren, die das Nationalbewusstsein der Uiguren förderten. Doch damals diente das Konzept dazu, mit feudalen und imperialistischen Traditionen zu brechen, und für Moskau war es sicherlich förderlich, seinen Einfluss auf ein Gebiet auszudehnen, das formal noch immer zur Republik China gehörte. 1935 setzte sich der Begriff »Uigurisch«, der bis dahin die Sprache der größten Ethnie bezeichnete, für die gesamte Region durch. 1941 soll Sheng Stalin sogar angeboten haben, Xinjiang als Sowjetrepublik in die Union einzugliedern.

Nur ein Jahr später aber überwarf sich Sheng mit seinen Förderern. 1944 wurde er abgesetzt. Die Sowjets begannen nun aktiv, uigurische Nationalisten mit Waffen und Ideologie zu unterstützen. Pekings Kontrolle der Region wurde zunehmend als Kolonialherrschaft der Han-Chinesen bezeichnet. 1944 begann eine Rebellion, die – mit sowjetischer Unterstützung – zur zweiten »Republik Ostturkestan« führte. Das halbautonome Gebilde existierte bis Ende der 1940er Jahre und kam einem Nationalstaat im weitesten Sinne nahe. Mit sowjetischer Hilfe druckte die Regierung eigenes Geld, veröffentlichte Magazine und Bücher, schuf eine eigene Armee und ein eigenes Schulsystem. Zum ersten Mal in der Geschichte der Region seit der Eroberung durch das Qing-Reich waren muslimische Uiguren gleichberechtigt mit Han-Chinesen in Spitzenämtern der Republik tätig.

Lange aber währte diese »goldene Zeit« nicht. 1949 hatten die Kommunisten unter Mao Zedong die nationalistische Regierung der Guomindang besiegt. Präsident Chiang Kai-shek floh mit über einer Million Beamten, der Luftwaffe und dem Goldschatz der Republik nach Taiwan und stellte sich dort unter amerikanischen Schutz – weswegen Peking die Insel bis heute als »abtrünnige Provinz« betrachtet. Maos Truppen machten sich innerhalb kürzester Zeit auf, alle Provinzen des Kaiserreichs wieder unter die Kontrolle der neuen Volksrepublik zu bringen. Dazu gehörte neben Tibet auch Xinjiang. Ohne größere Kämpfe übernahm die Volksbefreiungsarmee 1949 die Herrschaft. Führende Persönlichkeiten der Republik Ostturkestan, darunter Isa Yusuf Alptekin und Muhammad Imin Bughra flohen über Kaschmir in die Türkei, wo sie Zuflucht fanden. Andere Politiker der Republik wurden zwar nach Peking zur Ersten Plenarsitzung eingeladen, überlebten aber einen Flugzeugabsturz nicht. Zum Zeitpunkt der Machtübernahme der Kommunisten waren 75 Prozent der Bewohner der Provinz Uiguren, und nur sechs Prozent waren Han-Chinesen.

Relativ schnell wurde klar, dass sich die Hoffnungen, wonach die KPCh eine föderativere Politik verfolgen und damit den Uiguren kulturelle Autonomie zugestehen würde, nicht bewahrheiteten. Im Gegenteil: Ende der 1950er Jahre wollte Mao Zedong die Volksrepublik industrialisieren und als Stahlproduzent mit Großbritannien gleichziehen. Hunderte Millionen von Bauern wurden in Kollektive gezwungen. Um die vorgegebenen Stahlquoten zu erreichen, zwangen Funktionäre Menschen, ihr Arbeits- und sogar Kochgerät einzuschmelzen.

Der »Große Sprung nach vorne« endete in einer der größten Hungersnöte der Weltgeschichte: Die Opferzahlen schwanken zwischen 14 und 55 Millionen Menschen. Xinjiang, besonders das abgelegene südliche Tarimbecken blieb jedoch größtenteils verschont. In der Folge wurde die sonst wirtschaftlich schwache und arme Region für viele Chinesen attraktiv: Rund zwei Millionen Han-Chinesen flohen in dieser Zeit vor rotem Terror und Hunger nach Xinjiang. Uiguren wiederum migrierten über die noch offene Grenze nach Kasachstan, da sie sich immer mehr Repressalien ausgesetzt sahen. 1963 wurde die Grenze allerdings völlig geschlossen und blieb es für die kommenden 30 Jahre. Mao hatte sich kurz davor mit dem einstigen Verbündeten, der Sowjetunion, überworfen. Das Regime war nun bis auf wenige Verbündete, wie Albanien, völlig isoliert.

Die »Autonome Region Xinjiang« wurde nun eine Art Grenzkolonie der Volksrepublik: Die Nähe zum neuen Feind Sowjetunion und die uigurischen Bewohner machten Xinjiang prinzipiell zu einer »gefährdeten Region«. Es wurde Aufgabe der Bingtuan – sogenannte »Aufbau- und Produktionskorps« – die Region zu sichern. Die Bingtuan bestanden aus demobilisierten Soldaten, die man oft in Grenzregionen ansiedelte und zur Selbstversorgung anhielt. Somit sollten gleichzeitig Grenzen gesichert und Regionen wirtschaftlich erschlossen werden. 1954 wurde Xinjiangs Aufbau- und Produktionskorps (XCCP) gegründet. Die Bingtuan übernahmen die Höfe derer, die in die Sowjetunion geflüchtet waren. Vor der Kulturrevolution hatte das XCCP rund 1,5 Millionen Mitglieder. Bis heute sind die Bingtuan die größte Wirtschaftsmacht der Region. Die Organisation kontrolliert zahlreiche

Schlüsselindustrien und ist für die Errichtung und Instandhaltung der Konzentrationslager verantwortlich.

Als Mao Zedongs Macht aufgrund zahlreicher Fehlentscheidungen und Misswirtschaft zu bröckeln begann, setzte er auf ein schauriges Mittel: Er rief 1966 die Jugend des Landes auf, gegen sogenannte revisionistische und reaktionäre Tendenzen vorzugehen, um die kommunistische Revolution zu retten. In der Folge begann die vielleicht dunkelste Periode der chinesischen Geschichte, von der auch die Uiguren auf unterschiedliche Weise betroffen waren.

Die Roten Garden, fanatisierte Teenager, zogen durchs Land, verbrannten Bücher, zerstörten Tempel, brandmarkten Intellektuelle als Konterrevolutionäre und verbreiteten ein Schreckensregime, welches das gesamte Land für mehrere Jahre vollständig lähmte. Schulen und Universitäten waren vier Jahre lang geschlossen. Die Folgen dieser Periode sind noch heute spürbar: Nur selten findet man auf dem Festland alte Tempel, Schreine oder irgendwelche Gebäude, die älter als 50 Jahre sind. Im Gegensatz zu Taiwan und Hongkong, die von der Kulturrevolution verschont geblieben sind, und wo man auf Schritt und Tritt auf Zeugnisse der faszinierenden, Jahrtausende alten chinesischen Kultur stößt, sind die Städte und Dörfer des Festlandes verstörend leer und öde. Die Kulturrevolution war die größte und effizienteste Kampagne, mit der sich eine ganze Zivilisation ihrer Geschichte beraubte.

Die Auswirkungen auf die Kultur der Uiguren und anderer Minderheiten in Xinjiang waren zunächst verheerend. Die Roten Garden machten aus Moscheen Schweineställe, verboten traditionelle Kleidung und zwangen die Menschen, den Mao-Anzug als Einheitskleidung zu tragen.

Allerdings fand auch eine Entfremdung der uigurischen von der Han-chinesischen Kultur statt: Da die Schulen für mehrere Jahre geschlossen waren, blieben viele Uiguren Analphabeten und lernten kein Mandarin. Vor allem aber stießen die brutalen Methoden der Roten Garden auf Gegenwehr. Eine Untergrundarmee, die Eastern Turkestan People's Revolutionary Party (ETPRP), entstand und übte zwischen 1968 und 1970 Anschläge auf Einrichtungen der Volksbefreiungsarmee aus. Man geht davon aus, dass bis zu 6000 Uiguren in der Organisation aktiv waren, bevor sie geschlagen wurden.

Die Kulturrevolution hatte letztlich zwei Auswirkungen: Zum einen fielen viele kulturelle und religiöse Einrichtungen der Uiguren dem Furor der Jugendbanden zum Opfer. Zum anderen veränderte sich die demographische Zusammensetzung der Provinz. Zwischen 1953 und 1967 stieg der Anteil der Han-Chinesen an der Gesamtbevölkerung von 300 000 auf 1,8 Millionen. 1982 waren es bereits 5,2 Millionen. Die Ursache waren zum einen die berüchtigten Landverschickungen während der Kulturrevolution: Wer als »bürgerlich« und »bourgeois« galt, der sollte durch harte körperliche Arbeit umerzogen werden. Xinjiang war ein »beliebtes« Ziel für diese mehrjährigen Verbannungen. Tatsächlich aber flohen wohl auch viele Chinesen vor den Roten Garden in eine Provinz, in der die staatliche Kontrolle und damit die Repressalien doch weniger ausgeprägt waren als im Rest Chinas. Als die Volksrepublik aus dem Albtraum der Kulturrevolution erwachte und China sich langsam zu öffnen begann, lebten in der Provinz genauso viele Han-Chinesen wie Uiguren.

Die 1980er Jahre

Die veränderte Demographie hatte aber zunächst kaum Auswirkungen auf der Leben der Uiguren. Die Han-Chinesen siedelten sich meist im Norden der Provinz, in der Hauptstadt Urumqi an. Südlich des Tarimbeckens aber blieben die Gebräuche und die Kultur der Uiguren weitgehend intakt.

Allerdings veränderte sich mit dem Regierungsantritt von Deng Xiaoping und der Öffnungspolitik auch die Einstellung Pekings zur Provinz. War Xinjiang in den vergangenen Jahrzehnten vor allem eine Art Puffer zur Sowjetunion gewesen, stieg nun die geopolitische Bedeutung der Region und damit das Interesse der KPCh.

Die 1980er Jahre gelten gemeinhin als eine der freiesten Perioden der jüngeren chinesischen Geschichte. Nach dem überstandenen Horror der Kulturrevolution waren viele Menschen in China bereit, Neues zu probieren und standen demokratischen Ideen offen – das galt auch für die Partei selbst. Uiguren erlebten eine kurze Periode kultureller Autonomie: Das uigurische Alphabet wurde wieder auf Arabisch geschrieben, uigurische Schulen und Universitäten wieder geöffnet und Moscheen instand gesetzt. Gleichzeitig setzte die KPCh auf eine wirtschaftliche »Integration« der Provinz und ihrer Bewohner. Die kurze kulturelle Renaissance endete jedoch 1989. Wochenlang hatten Hunderttausende Studenten in Peking für mehr Demokratie und Mitbestimmung demonstriert. Aus dem ganzen Land waren junge Menschen nach Peking gereist, um sich daran zu beteiligen. Die Hoffnung, dass sich die Kader mit Studentenführern an einen Tisch setzen, um gemeinsam Lösungen zu erarbeiten, war groß. Stattdessen ließ das Regime am 3. und 4. Juni Panzer und bewaffnete Soldaten auf die Demonstranten losgehen. Tausende starben und viele der Überlebenden emigrierten.

Nach dem Tiananmen-Massaker verstummte die geistige Elite des Landes: Ein Großteil der Studentenführer war nach Hongkong, Taiwan und in die USA geflohen. Einige Dissidenten, die weiter die Führung kritisierten, verschwanden im Hausarrest. Und die große Masse des Volkes war eingeschüchtert, vor allem aber von nun an sediert durch einen stetig steigenden Lebensstandard.

Trotzdem keimten auch gerade wegen des Zusammenbruchs der Sowjetunion unter den Uiguren wieder die Hoffnungen auf Unabhängigkeit. Sean Roberts berichtet in seinem Buch »The War on Uyghurs« von einem Uiguren, der 1994 sagte: »Jetzt gibt es ein Kasachstan, ein Kirgisistan und ein Usbekistan – wo ist Uiguristan?«

1996 aber legte das »Document No. 7« die Strategie Pekings für die kommenden 20 Jahre fest. Die Direktive sah vor, die Uiguren fester an die Volksrepublik zu binden, separatistische Bewegungen mit aller Gewalt zu unterdrücken und gleichzeitig Wirtschaftswachstum zu fördern. »Reich werden ist ruhmreich« hieß die neue Devise, und die galt zumindest offiziell für alle Bewohner der Volksrepublik.

So ambivalent diese Politik war, so unterschiedlich waren die Resultate. Einerseits kam es wieder zu gewaltsamen Aufständen gegen die chinesische Herrschaft. Andererseits nutzen viele junge Uiguren tatsächlich die einzigen Möglichkeiten, die sie hatten: Chinesisch lernen und eine Karriere verfolgen.

Mit der Hoffnung auf kulturelle und religiöse Autonomie aber war es vorbei. Diese neue Politik Pekings gipfelte schließlich darin, jeglichen Ausdruck uigurischer Autonomie als Terrorismus zu verunglimpfen.

Der Krieg gegen den Terror

Dabei kam Peking ein außenpolitisches Ereignis zu Hilfe. Am 11. September 2001 flogen zwei Flugzeuge in die Twin Towers in New York. Kurz darauf erklärte US-Präsident George W. Bush den »Great War on Terror«. Das Konzept dieses »großen Krieges« blieb so vage wie dessen Gegner. Zwar schien es offensichtlich, dass hinter den Anschlägen die islamistische Organisation al-Qaida und ihr Führer Osama bin Laden sowie die Taliban in Afghanistan steckten. Bush dehnte das Konzept aber auf alle Staaten aus, die angeblich oder tatsächlich Massenvernichtungswaffen produzierten.

In Peking und Moskau wurde diese Entwicklung genau beobachtet und schnell erkannte man, welches Potenzial hinter Bushs Ansage stand. 2002 wurde in Peking aus der Shanghai-5-Gruppe, die China, Russland, Kasachstan, Kirgisistan und Tadschikistan umfasste, die Shanghaier Organisation für Zusammenarbeit gegründet, deren Ziel eine bessere ökonomische und sicherheitspolitische Koordination war. Mit dem indirekten Freibrief durch die USA bekamen die Mitglieder die Möglichkeit, innenpolitische Gegner als »Terroristen« zu brandmarken und gegen sie vorzugehen. Schon kurz nach den Anschlägen vom 11. September erwähnte ein Sprecher des chinesischen Außenministeriums, »terroristische Kräfte von Ostturkestan, deren Ziel es ist, China zu spalten«.

Das sorgte zunächst für etwas Erstaunen. Zwar konnte niemand mit Sicherheit ausschließen, dass sich zu dieser Zeit in Afghanistan auch eine uigurische Terrorgruppe namens Eastern Turkestan Islamic Movement (ETIM) herumtrieb. Laut Roberts hatte jedoch Anfang der 2000er Jahre niemand von den Wissenschaftlern, die sich mit Xinjiang und Uiguren beschäftigten, je etwas über uigurische Terrororganisationen gehört. Peking setzte sich aber mit dieser Wahrnehmung durch und erreichte 2002 die internationale Einstufung der ETIM als Terrorgruppe. Nun hatte die Regierung die Möglichkeit, alle Uiguren unter Generalverdacht zu stellen, und machte oft davon Gebrauch.

Sean Roberts allerdings ist der Meinung, dass die ETIM und die Turkestan Independence Party (TIP) weder die Definition einer »Terrorgruppe« erfüllten noch die einer Guerillabewegung. Einige Uiguren, die von US-Streitkräften in Afghanistan gefangen genommen und mehrere Jahre in Guantanamo festgehalten worden waren, seien Teil der Taliban gewesen und eben nicht einer uigurischen Terroristengruppe. Im Oktober 2020 nahmen die USA die Gruppe wieder von der Liste mit der Begründung, dass seit über zehn Jahren Beweise fehlen, die die Existenz der Gruppe belegten.

2001 trat China der Welthandelsorganisation bei. Bis heute erfüllt Peking nicht deren Beitrittsregeln, aber bis heute ignorieren das eben auch die meisten Staaten. Denn in der Folge strömten ausländische Konzerne in das Land, um sich ein Stück des größten Konsumentenmarkts der Welt zu sichern. Besonders deutsche Autobauer eröffneten Werk für Werk und gaben Jahr für Jahr neue Umsatzrekorde bekannt. Mit ihren milliardenschweren Investitionen trugen die ausländischen Unternehmen zum chinesischen Wirtschaftswunder bei. Das neue Geld investierte Peking in gewaltige Infrastrukturprojekte und in die Förderung heimischer Unternehmen. Auch bei den Uiguren von Xinjiang kam etwas vom Reichtum an: Viele junge Uiguren, die in den 1990er Jahren Chinesisch gelernt hatten, profitierten jetzt von den neuen Möglichkeiten. Besonders im Norden um die Landeshauptstadt Urumqi entstand eine uigurische Oberschicht, die sich wie auf Pekings

Wunsch assimilierte und anpasste. Darin unterschied sich die Politik Pekings übrigens in Xinjiang nicht vom Rest des Landes. Es schien, als hätten 1,3 Milliarden Menschen mit ihrer Regierung einen stillen Pakt unterschrieben: Wir verzichten auf politische Teilhabe, solange wir reicher werden.

Auch in Xinjiang blieb es verhältnismäßig ruhig. Tatsächlich aber begann in dieser Dekade die Zerstörung der historischen Altstadt von Kashgar. Eine neue Bahnlinie von Urumqi nach Kashgar sollte nun auch den Westen und Süden des Landes besser »erschließen«. »Den Westen öffnen« hieß diese Kampagne, mit der nochmals Tausende von Han-Chinesen in die Provinz kamen.

Dies aber änderte sich 2008, dem Jahr, in dem die Volksrepublik zum ersten Mal in ihrer Geschichte, und vor allem nach der internationalen Ächtung aufgrund des Tiananmen-Massakers, sich der Welt mit den Olympischen Spielen präsentieren konnte. Sowohl in der Provinz Tibet als auch in Xinjiang nahm die Kontrolle zu. Im August 2008 kam es zu mehreren Anschlägen und Aufständen. Im Vorfeld der Spiele wurden rund 5000 Uiguren der Hauptstadt verwiesen oder festgenommen. Laut Roberts zielten diese Maßnahmen nicht auf verdächtige Individuen, sondern richteten sich gegen die gesamte Ethnie. Davon genauso betroffen waren Tibeter. Noch nervöser machte Peking die Tatsache, dass sich die ETIM zu zwei Bombenanschlägen in Shanghai und Kunming bekannte.

Der damalige Parteisekretär in Xinjiang, Wang Lequan, erklärte daraufhin einen »Kampf um Leben und Tod gegen Terroristen«. Peking entsandte kurzerhand 200 000 Mann Sicherheitspersonal und Militärpolizei in die Provinz mit dem Auftrag, auch die Polizei und Nachbarn all jener zu bestrafen, die sich an den Aufständen beteiligt hatten. 1300 Uiguren wurden verhaftet.

Dies schuf den Boden für die Ereignisse des folgenden Jahres. Im Juli 2009 hörten wohl die meisten Menschen außerhalb Chinas zum ersten Mal von den Uiguren und Chinas Westprovinz Xinjiang. Ende Juni war es in Südchina, in der Stadt Shaoguan zu Zusammenstößen zwischen uigurischen und chinesischen Wanderarbeitern gekommen. Der Grund waren Vorwürfe, wonach sechs Uiguren zwei Han-chinesische Frauen vergewaltigt haben sollten. Han-chinesische Arbeiter überfielen daraufhin schlafende Uiguren und prügelten zwei von ihnen tot – laut Berichten von Exil-Organisationen sogar mehr. Die Polizei, so die Vorwürfe, habe die uigurischen Arbeiter nur unzureichend geschützt. Tatsächlich wurden die Täter von Han-chinesischen Kommentatoren im Netz noch beglückwünscht.

Am 5. Juli demonstrierten auf dem Großen Basar in Urumqi zwischen 1000 und 10 000 Menschen. (Die Zahlen schwanken, je nachdem, ob man uigurische oder chinesische Quellen nutzt.) Nachdem es zu Zusammenstößen mit der Polizei kam, entluden sich die Proteste in massiver Gewalt. Die Demonstranten zündeten Busse und Autos an, plünderten Geschäfte und lieferten sich Straßenschlachten mit der Polizei.

Am nächsten Tag wiederum zogen bewaffnete Gruppen von Han-Chinesen durch die Straßen, um sich zu rächen. Unterstützt wurden sie dabei von Sicherheitskräften, die zahlreiche Uiguren verhafteten. Laut der chinesischen Führung starben dabei 197 Menschen, 1700 wurden verletzt – die meisten von ihnen Han-Chinesen. Der Weltkongress der Uiguren spricht von 600 toten Chinesen und setzt aber auch die Zahl der uigurischen Toten höher an. Die chinesische Staatspresse machte schnell den Weltkongress der Uiguren dafür verantwortlich. Dessen damalige Vorsitzende Reebiya Kadeer stecke hinter den Unruhen und habe zur Gewalt angestachelt. Offensichtlich aber entlud sich die Gewalt spontan.

Auch der vielleicht wichtigste uigurische Intellektuelle Ilham Tohti wurde inhaftiert. Das war auch insofern bedeutsam, da Tohti nie für eine Unabhängigkeit der Region plädiert hatte. Der Professor für Volkswirtschaft hatte sich stets für mehr Gerechtigkeit und Verständigung zwischen Uiguren und Han-Chinesen im Rahmen des bestehenden Systems eingesetzt. Eine Reihe von chinesischen Intellektuellen setzte sich damals für seine Freilassung ein. »Er ist der einzige einflussreiche uigurische Intellektuelle, der öffentlich die Meinung vertritt, dass Xinjiang weiter zu China gehören und einen Autonomiestatus nach demokratischen Prinzipien bekommen soll«, sagte der Schriftsteller Wang Lixiong einmal über ihn, »das unterscheidet ihn stark von den meisten Exil-Uiguren.«

Tohti wurde 1969 in der Stadt Artux geboren. Er studierte in der Mandschurei und lehrte später Wirtschaftswissenschaft an der speziell für Studenten der verschiedenen Minoritäten Chinas errichteten Minzu-Universität in Peking. Den Argwohn der Behörden erregte er mit einer Website Uyghur Online.com, die 2008 vom Netz genommen wurde. Später initiierte Tohti Uyghurbiz.org, um für mehr ökonomische Gerechtigkeit zwischen Uiguren und Han-Chinesen in der Region zu streiten.

In Interviews bekräftigte er, dass es keine Verbindung zwischen gewalttätigen Uiguren und al-Qaida gäbe und widersprach damit der Aussage der KPCh, wonach Xinjiang ein Kampfschauplatz des »Großen Kriegs gegen den Terrorismus« sei. Zudem kritisierte er die Siedlungspolitik Pekings, in deren Folge die Uiguren langsam zur Minderheit im eigenen Land wurden, und die durch ökonomische Ungerechtigkeiten neue Unzufriedenheit schuf.

Tohti befand sich durch seine gesellschaftliche Stellung und seinen Wohnort in Peking in einer Position, von der aus er Kritik zumindest vor der Ära Xi äußern konnte. Tatsächlich wurde er einige Monate nach den Unruhen von 2009 wieder auf freien Fuß gesetzt. Die Freiheit aber währte nicht lange. Anfang 2014 griffen ihn Beamte auf dem Pekinger Flughafen auf. Tohti und seine Tochter wollten gerade in die USA fliegen, wo er eine Gastprofessur bekommen hatte. Neun Monate später verurteilte man ihn zu lebenslanger Haft wegen »Anstiftung zu Separatismus und Rassenhass«. Seine Tochter, die mit ihm am Flughafen gewesen war, und in die USA emigrieren durfte, nahm 2019 stellvertretend für ihn den Sacharow-Preis entgegen, der jedes Jahr vom EU-Parlament an Personen verliehen wird, die sich für Menschenrechte und Meinungsfreiheit einsetzen. Seit 2017 hat sie von ihrem Vater nichts mehr gehört.

Die Unruhen 2009 sorgten schließlich dafür, dass die Han-Chinesen in Xinjiang nun nicht mehr nur die »faulen, rückständigen Uiguren« sahen, sondern diese auch als »gewalttätig und gefährlich« einschätzen. Zwei Klischees, die sich in das Narrativ der Regierung in Peking einfügten und als Mandat der Bevölkerung begriffen wurden, die Han-chinesischen Bürgern besser zu schützen.

In den folgenden Wochen wurden schätzungsweise 4000 Uiguren verhaftet, 26 Todesurteile verhängt und neun davon vollstreckt. Die chinesische Staatsmacht ließ auch zum ersten Mal sowohl die eigene Bevölkerung als auch die Weltöffentlichkeit erfahren, was Repression im digitalen Zeitalter bedeuten kann: Die Provinz Xinjiang blieb für einige Wochen komplett vom Internet abgeschnitten. SMS-Nachrichten und internationale Anrufe waren nicht mehr möglich. Erst im Mai des darauffolgenden Jahres war das Internet in Urumqi wieder so »frei« wie im Rest des Landes.

Für Peking war die internationale Aufmerksamkeit für die Situation in Xinjiang sicherlich unerfreulich. Aber damals schon verstand die Staatspresse die Situation relativ gut zu spielen: Die Medien zeigten Bilder von verletzten Han-Chinesen und zerstörten Geschäften in Urumqi und kontrastierte diese mit einem wütenden, fanatisierten Mob aus Muslimen. Und die gerade durch die internationale Finanzkrise massiv gebeutelten Volkswirtschaften des Westens hatten kein Interesse, es sich ausgerechnet mit dem Staat zu verscherzen, der damals den Karren Weltwirtschaft mit einem gigantischen Infrastrukturprogramm aus dem Dreck zog.

Während islamistischer Terror bei den Unruhen vom Sommer 2009 sicher keine Rolle spielte, fühlte sich Peking dennoch in seiner Politik gegenüber den Uiguren mehr als bestätigt: Es ging darum, jegliche Form von Widerstand zu brechen. In der Lesart der Kader war Extremismus und Separatismus schlicht eine Folge von fehlender wirtschaftlicher Entwicklung und Bildung. Fehlende kulturelle Autonomie oder Diskriminierung schieden als Ursachen aus. In der Folge stiegen die Investitionen Pekings in die Provinz abermals an: Kashgar, beschloss man, solle zum Handelsknotenpunkt ausgebaut werden; die Teile des südlichen Tarimbeckens endlich in den Genuss wirtschaftlicher Entwicklung kommen. Der damalige Präsident Hu Jintao, im Vergleich zu seinem Nachfolger Xi Jinping ein gemäßigter Führer, tauschte ein paar Funktionäre aus, die wiederum gelobten, wirtschaftlichen Aufschwung zu ermöglichen und so Stabilität zu gewährleisten. Großangelegte Immobilienprojekte sollten wie im Rest des Landes bessere Wohnbedingungen schaffen, führten aber dazu, dass Dorfgemeinschaften zerstört und Hunderttausende Menschen zwangsumgesiedelt wurden. Trotz zahlreicher Arbeitsförderungsprogramme gingen die meisten Jobs weiterhin an Han-Chinesen – vor allem die besser bezahlten. Zahlreiche Uiguren bekamen die Möglichkeit, als Wanderarbeiter für einige Zeit in die Fabriken an der chinesischen Ostküste zu gehen, was aber nicht zu einer Assimilierung der Menschen führte, sondern lediglich zu einer Entfremdung von ihrer eigenen Kultur. Schließlich kamen auch nicht weniger Han-Siedler als zuvor. Im Gegenteil: Nun war auch der Süden des Tarimbeckens, der bisher kulturell weitgehend unberührt von der chinesischen Assimilierungspolitik geblieben war, im Fokus Pekings.

Was nicht geschah: Eine offene Auseinandersetzung mit der uigurischen Seite und ihren Forderungen und Bedürfnissen. Peking verlangte von den Uiguren Anpassung und Assimilierung und stellte dafür wirtschaftlichen Wohlstand in Aussicht. Religiöse Freiheit, kulturelle Eigenständigkeit oder sogar politische Teilautonomie kamen dabei nicht vor. Auf solche Forderungen reagierten die marxistischen Kader mit Unverständnis. Darin unterschied sich Xinjiang nicht von der Politik in anderen Landesteilen. Und in gewisser Weise schuf sich die KPCh damit genau die Extremisten, die sie bekämpfen wollte.

2014 bis heute – Chen und die Lager

2014 kann man heute rückblickend als ein Wendejahr betrachten hinsichtlich der Politik Pekings in Xinjiang. Präsident Xi Jinping hatte seine Macht konsolidiert. Die Initiative

»Neue Seidenstraße« war geboren, ein Projekt, das Chinas außenpolitische Rolle wirtschaftlich stärken sollte, und damit der Fokus Xis auf Xinjiang gelegt. Noch im selben Jahr begann die China Electronic Technology Group eine gigantische Datenbank über alle Uiguren anzulegen, die als »Terroristen« gelten könnten, und darüber hinaus Punkte für besondere Staatstreue zu vergeben. 2016 waren Millionen Uiguren darin erfasst, ein neues Antiterrorgesetz legitimierte den Einsatz und den Zugriff der Regierung. Laut Adrian Zenz soll es schon 2014 die ersten Internierungen zum Zweck der »Umerziehung« gegeben haben. Demnach war bereits zu diesem Zeitpunkt ein System aktiv, das die Loyalität der Uiguren »messen« konnte sowie über Kapazitäten verfügte, um Menschenmassen zu internieren und lückenlos zu überwachen. Auf dieses konnte dann Chen Quanguo, der am 29. August 2016 sein Amt als Parteisekretär in Urumqi antrat, voll zugreifen. Der als Hardliner geltende Chen hatte seine Methoden in Tibet erprobt, wo er alle 500 Meter eine Polizeistation errichten ließ und die Region mit einem Netz aus Überwachungskameras überzog. Auch die Zwangseinquartierung von KPCh-Kadern bei einheimischen Familien hatte Chen bereits in Tibet als Kontrollmechanismus angewandt.

Im ersten Jahr schrieb Chen über 100 000 Stellen für Sicherheitsbeamte aus, und ließ 7300 Polizeistationen errichten. Bis Dezember 2016 waren 18,8 Millionen Einwohner von 21,8 Millionen in der Datenbank erfasst: mit DNA-Proben, Stimmproben und Gesichtserkennung.

2016 wurden zunächst Schulen und andere öffentliche Gebäude in Gefängnisse umfunktioniert. Kurz darauf aber begann die Regierung auch, großflächig Lager neu zu errichten. Eine Recherche des amerikanischen Magazin *Buzzfeed* identifizierte über Google Maps und Baidu Maps 268 solcher

Stätten im Jahr 2019. Ein großer Teil davon konnte über andere Quellen (Zeugenaussagen und Journalisten-Berichte) verifiziert werden. Viele davon fassen bis zu 10 000 Menschen, andere sogar, wie das Camp Dabancheng, mehr als 40 000 Insassen. Der Bau-Boom erreichte seinen Höhepunkt im Frühjahr 2018, und flachte bis 2019 leicht ab. Auch die »normalen« Gefängnisse in Xinjiang waren in diesem Zeitraum überfüllt: 2017 wurden 21 Prozent aller Inhaftierungen Chinas in Xinjiang registriert, obwohl dort nur zwei Prozent der Gesamtbevölkerung leben.

Auch »Schulen« werden im großen Stil gebaut: Während ihre Eltern in »Umerziehungslagern« sind, werden Kinder aller Altersgruppen in zentralisierten, internatsähnlichen Hochsicherheitseinrichtungen untergebracht, und dort von ihrer Familie und Kultur entfremdet.

Das dunkelste Kapitel der uigurischen Geschichte hatte begonnen. Der Architekt dieses Albtraums, Chen Quanguo, ist noch immer in Amt und Würden. Die einzige Sanktionierung der internationalen Gemeinschaft ist bis dato eine Visumssperre für die USA und die EU.

Die Spur in den Daten

»Die systematische Internierung einer ganzen ethno-religiösen Minderheit ist, vom Ausmaß her, vermutlich die größte seit dem Holocaust.«

Adrian Zenz

Es kommt nicht so oft vor, dass ein Mensch nahezu im Alleingang einen Menschenrechtsskandal aufdeckt – noch dazu, wenn er von der chinesischen Regierung begangen wird, die ein Meister im Verdecken, Zensieren und Verdrehen von Fakten ist. In diesem Fall aber war es so: Ohne Adrian Zenz wüsste die Weltöffentlichkeit vielleicht nichts, zumindest aber wesentlich weniger von den Ereignissen der vergangenen Jahre in Xinjiang. Zwar gäbe es Berichte von Überlebenden, doch die hätte man wahrscheinlich eher als Einzelfall abgetan, als sie als systematischen von langer Hand geplanten Genozid zu bezeichnen. Der deutsche Forscher hat in mühseliger Detailarbeit viele kleine Hinweise zu einem großen Bild zusammengefügt.

Adrian Zenz hat sich in einem Porträt in der *Süddeutschen Zeitung* einmal selbst als »Datensauger« bezeichnet. Das trifft es tatsächlich gut. Denn Zenz, geboren 1974, hat einen der größten Menschenrechtsskandale der Welt aufgedeckt, indem er sich jahrelang durch chinesische Regierungsdokumente gewühlt und diese qualitativ und quantitativ ausgewertet hat.

Zu den Uiguren und dem Lagersystem in Xinjiang kam Zenz eher durch »Fügung«, wie der bekennende evangelikale Christ es ausdrückt. Im Rahmen seines PhD-Studiums im Fach Sozialanthropologie an der Universität Cambridge hatte sich Zenz mit der chinesischen Minderheitenpolitik vor allem in Bezug auf Tibet beschäftigt. Für seine Doktorarbeit lebte er auch einige Zeit in der Provinz Qinghai, nördlich der Autonomen Region Tibet, wo ebenfalls viele Tibeter leben. »Um auszuwerten, wie der chinesische Staat die Tibeter zwangsassimiliert, habe ich mir Stellenausschreibungen für Lehrer in der Provinz angesehen«, erzählt er. Damals hätten die Tibeter noch die Wahl gehabt: Entweder ihr passt euch an und bekommt die Chance auf einen sozialen Aufstieg oder ihr besteht auf eure Kultur und bleibt arm. »Es gab in Tibet damals quasi die Wahl zwischen einem chinesischen und einem tibetischen Bildungsweg. Genau diese ›Wahlfreiheit‹ haben die Uiguren heute nicht mehr.« Auch die Ausschreibungen für Sicherheitskräfte mit tibetischen Sprachkenntnissen stiegen plötzlich sprunghaft an. Zenz schloss daraus, dass etwas in der Provinz im Gange war. Anscheinend war man dabei, den Assimilierungsdruck auf die Tibeter zu erhöhen. »Ich verfolge einen stark quantitativen Ansatz, aber nicht ausschließlich – vieles puzzle ich mir zusammen.«

Als 2016 der KPCh-Parteisekretär von Tibet, Chen Quanguo, nach Xinjiang beordert wurde, folgte Zenz ihm – von seinem Computer aus. Er stellte fest: Auch hier stiegen plötzlich die Stellenausschreibungen für Sicherheitskräfte rasant. 30 000 neue Polizeistellen entstanden allein in den ersten vier Monaten von Chens Amtszeit. In den acht Monaten davor waren es gerade einmal 900 gewesen. Zenz wusste nun: Er war etwas auf der Spur. Als nächstes entdeckte er die Bauausschreibungen für die Umerziehungslager, weil er in den Regierungsbudgets teils massiv erhöhte Ausgaben für Haftanstalten fand. Andere Daten zeigten, dass die Zahl von

Kindern in Waisenhäusern massiv anstieg – wohl weil Hunderttausende Kinder von ihren Eltern getrennt wurden, die in die Lager kamen.

»Die Analyse von Regierungsdaten war ein Nischenthema. Sogar chinesische Wissenschaftler haben sich kaum damit beschäftigt«, sagt Zenz. »Irgendwann aber fügten sich immer mehr Puzzleteile zu einem großen Bild. Deswegen denken die Chinesen, ich sei über Nacht von der CIA installiert worden. Fakt ist: Niemand vorher hatte sich mit diesen Daten beschäftigt.«

Zu Hilfe kam Zenz ausgerechnet das neue repressive Klima in China, seitdem Xi Jinping 2012 die Macht übernommen hatte. Die Antikorruptionskampagne, mit der Xi gegen seine politischen Gegner vorging, führte auch dazu, dass die Dokumentationspflichten für Beamte in den Provinzen und autonomen Regionen zunahmen. Gleichzeitig setzte ein Digitalisierungsschub ein. »Deswegen gab es plötzlich Statistiken über Sterilisierungen von Frauen, die sogar propagandistisch gefeiert wurden. Diese Nachweispflicht der Kader ist zur zentralen Datenquelle geworden. Man muss das natürlich auswerten und kombinieren«, sagt Zenz. Außerdem begann er, mit Satellitenbildern zu arbeiten. »Ich suchte nach Überschneidungen: Es gab die Lager, neue Gefängnisse, Eltern-Kind-Trennungen, Sterilisierungen und Zwangsarbeit – all dies ließ sich gut belegen. Irgendwann wurde klar, was hier im Gange war.«

Zenz veröffentlichte zunächst Artikel im *Wallstreet Journal* über die gestiegenen Budgets der Provinzregierung für innere Sicherheit. Die stießen auf großes Interesse. Damals arbeitete Zenz noch als IT-Berater und als Dozent an der Akademie für Weltmission, einer christlichen Einrichtung in Korntal bei Stuttgart. Seine Datensammelwut war eher eine

Nebentätigkeit. »Ich bin dabei immer meiner Neugier gefolgt und habe mich durch öffentlich zugängliche Regierungsdokumente gewühlt.«

Mitte 2019 veröffentlichte die *New York Times* dann die »Xinjiang Papers«, ein 400-Seiten langes Dokument, das belegt, wie die chinesische Regierung die Weltöffentlichkeit über die Existenz der Arbeitslager bewusst getäuscht hat. Darin fand sich zum Beispiel eine Rede von Xi Jinping, wonach muslimische Minderheiten von einem gefährlichen »gedanklichen Virus« befallen seien, welches lediglich durch eine »Phase der schmerzhaften, invasiven Behandlung« ausgerottet werden könne«.

Kurz darauf folgte die Publikation der »China Cables«, die die Existenz der Lager eindeutig belegten – die bisher wichtigste Veröffentlichung hinsichtlich der Unterdrückungsmaschinerie in Xinjiang. Eine der Whistleblowerinnen war die uigurisch-stämmige Niederländerin Asiye Abdulaheb, die die Dokumente an Zenz und das Internationale Netzwerk investigativer Journalisten (ICIJ), ein Konsortium aus 17 internationalen Medien, weiterleitete, die diese dann zeitgleich in mehreren Ländern publizierten. Kurz darauf koordinierte Zenz die Veröffentlichung der »Karakax-Liste«, eine Liste von Gefangenen.

Schließlich erschien im März 2021 der »Nankai-Report«. Er ist eine Art Anleitung zur Zwangsarbeit und schildert detailliert, wie Gruppen von Arbeitern in Schuhfabriken in Südchina streng kontrolliert in Schlafsälen untergebracht und zur Fließbandarbeit genötigt werden. Das soll sowohl der Armutsbekämpfung als auch der ideologischen Umerziehung dienen. Die Dokumente belegen, wie Uiguren systematisch zu Arbeitsaufenthalten in den Fabriken an der Ostküste gedrängt und zur Baumwollernte gezwungen wurden. Verfasst worden war der Report von Forschern der Nankai-Universität der Stadt Tianjin. Der Report fiel Zenz in die Hände, als das Dokument versehentlich von den Behörden für einige Tage online gewesen war. Er sicherte es umgehend über die Wayback Machine, eine Art Internet-Archivierungsmaschine, und koordinierte die Veröffentlichung mit mehreren Medien weltweit.

Bis etwa 2018 wandten sich Uiguren, Han-Chinesen und Kasachen aus Xinjiang noch direkt an Zenz, um über die Vorgänge dort zu berichten. Alle Kontakte aber seien spätestens 2018 abgerissen. »In China hat man auch die interne Kommunikation stark eingeschränkt«, sagt er. »Alle unabhängigen Informationsquellen hat man abgewürgt, dafür nutzte man auch ausgiebig die Covid-Maßnahmen.«

Tatsächlich ist die Zahl der direkten Zeugenberichte aus Xinjiang überschaubar. Bei den Kronzeugen, die zum Beispiel beim Uyghur Tribunal aussagten, handelt es sich um zwei Dutzend. »Wenn man es etwas größer fasst, sind es vielleicht so um die 100. In der Tat ist die Zahl der Augenzeugenberichte nicht besonders hoch. Viele von ihnen sind kasachische Staatsbürger, die aufgrund bilateraler Vereinbarungen das Land verlassen durften. Die Kommunikation mit Uiguren in Xinjiang ist derzeit völlig unmöglich«, so Zenz. Das mache die Arbeit mit Daten und deren Auswertung umso wichtiger.

Die chinesischen Behörden haben Zenz wegen seiner Arbeit schon als »Schlüsselfigur eines vom US-Geheimdienst gegründeten Anti-China-Instituts« und als »deutschen Rechtsextremen« bezeichnet. Die Propagandamaschine der kommunistischen Partei läuft auf Hochtouren, wenn es um Zenz geht: Er sei »ein eingeschworener Rassist« und »Anhänger einer christlichen Endzeitlehre auf Mission gegen China«, heißt es auf der Website der chinesischen Botschaft in Deutschland.

Vorgeworfen wird ihm auch, dass er 2008 zum letzten Mal selbst in Xinjiang gewesen ist. Die Frage ist allerdings auch, was es an seinen Recherchen geändert hätte, wäre er vor Ort gewesen. Wie zahlreiche Korrespondentenberichte bestätigen, sind die chinesischen Behörden mittlerweile unglaublich gut darin geworden, den wenigen Besuchern eine scheinbar perfekte, harmonische Kulisse vorzuspielen, und ihnen den Zugang zu wichtigen Orten wie Lagern oder Schulen zu verweigern.

Doch die KPCh-Propaganda gegen Zenz findet leider auch immer wieder Eingang in deutsche Medien: Mechthild Leutner, Sinologin und ehemalige Leiterin des KPCh-nahen Konfuzius Instituts, monierte am 19. Februar 2020 im *Tagesspiegel*, dass in den Medien häufiger Persönlichkeiten wie Zenz zu Wort kommen, die »randseitigen evangelikalen Bildungsstätten« zuzuordnen sind. In der *taz* war er immerhin als »umstritten« bezeichnet worden, weil ihm chinesische Staatsmedien »seinen radikal evangelikalen Hintergrund« vorwerfen.

»Ich sehe mich durchaus als Werkzeug Gottes«, sagt Zenz, »aber nicht politisch gegen China, sondern zur Aufdeckung von Menschenrechtsverbrechen. Mein christliches Weltbild ist insofern zentral, dass ich meine Fähigkeiten für etwas Gutes einsetzen will. Natürlich stehe ich zwischen den Polen Forscher einerseits und Aktivist andererseits. Dass es während der Trump-Ära eine engere Verknüpfung von Religion und ideologisierter Politik gab, ist mir bewusst. Aber mein persönlicher Glaube politisiert nicht meine Forschung. Ich mache das, weil es hier einen Menschenrechtsskandal gibt. Ich komme zu empirischen Schlüssen.« Als Beispiel führt Zenz auch seine Haltung zum Begriff »Völkermord« an. Den habe er lange Zeit abgelehnt, erst als seine Forschung bestätigt habe, dass Peking systematisch die uigurische Bevölkerung ausdünnt, habe er von Genozid gesprochen. »Es fehlte der Nachweis der Intention«, erzählt er. »Es gibt ja nicht das eine Dokument, das den Vorsatz eines Völkermordes nachweist, auch hier muss man mehrere Puzzleteile zusammenfügen. Was wir aber mindestens feststellen müssen: Es gibt ein Genozid-Risiko, und Staaten, die die ›Konvention über die Verhütung und Bestrafung des Völkermordes‹ von 1948 unterschrieben haben, stehen in der Pflicht, einen solchen zu verhindern.«

Dass Peking nicht genug unter Druck gesetzt wird, ist unstrittig. Zenz fordert deswegen entschiedenere Maßnahmen seitens der westlichen Staatengemeinschaft. »Das muss nicht zu einem kompletten wirtschaftlichen Decoupling führen. Aber Regierungen sollten Maßnahmen beschließen, die Peking weh tun.« Das Lieferkettengesetz sei eine gute Sache, ein Schritt in die richtige Richtung. Auch dass man das EU-China Comprehensive Agreement on Investment (CAI) auf Eis gelegt habe, sei begrüßenswert – wenn auch die Gründe dafür andere hätten sein können. »Der Grund, weshalb das CAI noch nicht unterschrieben wurde, ist ja nicht der Genozid in Xinjiang, sondern die Maßnahmen Pekings gegen einzelne Mitglieder des EU-Parlaments. Wenn man wirklich den Genozid verhindern will, muss man mehr tun: Die diplomatischen Mittel ausschöpfen – das heißt keine Treffen mehr auf hochrangiger Ebene.«

Mehr geschieht seitens der USA. »Hier gibt es zumindest Sanktionen und klare Worte. Aber da sich Washington unter Trump aus vielen internationalen Gremien zurückgezogen hat, haben die USA an Einfluss verloren. Ich hoffe, dass sich das unter Biden nun langsam wieder ändert.«

Vor allem das Verhalten Deutschlands sei beschämend. »Angesichts der deutschen Geschichte ist es eigentlich völlig unverständlich, dass man hier nicht mehr tut«, sagt Zenz. »Die wirtschaftliche Abhängigkeit von Peking lähmt die Politik.«

Zenz lebt seit 2019 mit seiner Familie in den USA. Dorthin zog er, nachdem klar wurde: Die Aufklärung der Skandale ist ein Vollzeitjob. Die »Victims of Communism Memorial Foundation« in Washington bezahlt ihn nun, lässt ihm aber, wie er betont, genug Freiheiten, seiner Neugier zu folgen. Er sagt, spätestens seit Veröffentlichung der »China Cables« habe er kein Leben als »Otto-Normalbürger« mehr. Neben den Verunglimpfungen seitens des chinesischen Außenministeriums, Zenz sei »ein Agent des amerikanischen Geheimdienstes«, wird er auch immer wieder von chinesischen Internet-Usern attackiert. »Nach der Veröffentlichung der Karakax-Liste ging es richtig los«, sagt Zenz. »Es gab Pressekonferenzen des Außenministeriums, die nur dazu dienten, mich zu diffamieren. Die *Global Times* veröffentlichte Artikel, in denen versucht wurde, mich als Lügner darzustellen. Im Sommer 2020 kamen dann auch direkte Drohungen von Internet-Trolls dazu. Außerdem gibt es ständig Phishing-Attacken.« Auch nach China reisen kann Zenz nicht mehr, nachdem die Volksrepublik im März 2021 gegen zehn Europäer, darunter Zenz, und vier europäische Einrichtungen Sanktionen verhängt hat.

Seine Arbeit werde sich in Zukunft etwas verlagern, sagt Zenz. Das liegt nicht zuletzt daran, dass die chinesische Strategie der kulturellen Auslöschung der Uiguren in eine neue Phase eintritt. Die ersten Lager werden geschlossen. Arbeitsmaßnahmen sollen die Folter und Gehirnwäsche ersetzen. Der »Nankai-Report« hat dies bereits zum Ausdruck gebracht: Armutsbekämpfung und Arbeitstransfers sind die langfristigen Maßnahmen. 2019 wurden auch Sicherheitsmaßnahmen etwas heruntergefahren. Das deckt sich mit

Eindrücken von Journalisten, die die Region 2020 und 2021 bereist haben, und die von einer nicht mehr ganz so intensiven oder zumindest nicht ganz so auffälligen Überwachung berichten. Zenz nennt das die »Theresienstadt-Strategie«. »Die chinesische Regierung weiß um den massiven ›Imageschaden‹, deswegen errichtet man jetzt dort eine Fassade, die Besuchern eine heile Welt vorgaukelt. Dazu wird man bald auch mehr Journalisten, internationale Beobachter und Touristen nach Xinjiang einladen, und sie bei geführten Touren genau das sehen lassen, was die KPCh ihnen zeigen will. Damit wird es auch schwieriger werden, die Dinge beim Namen zu nennen.« Damit wird die Erforschung von Regierungsdokumenten eine unverzichtbare Quelle werden. »Eigentlich ist alles gut dokumentiert. Aber eine systematische Einordnung der Vorgänge wird in Zukunft noch wichtiger werden.«

Uyghur Tribunal II

---

*»Der gesamte Unterricht sollte uns klarmachen,
wie großzügig und gutmütig die chinesischen Invasoren
waren und dass wir der kommunistischen Partei
dankbar sein sollten.«*

Abdusalam Muhammad
Geboren 1978 in Hotan, Xinjiang
Koch

Abdusalam Muhammad war so etwas wie ein Musterschüler in seinem Dorf. Schon mit 16 Jahren unterrichtete er eine Schulklasse in Sport und Chinesisch, dann machte er eine Ausbildung zum Koch – was später einmal Fluch und Segen sein würde. Aufgrund seiner religiösen Aktivitäten meldete ihn der Parteichef des Dorfs und bereits damals wurde er immer wieder von der Polizei verhört. Auch deswegen zog er 1997 in die Provinzstadt Hotan, eröffnete dort ein kleines Restaurant und heiratete 1999. 2014 erkrankte Muhammad und reiste für eine Behandlung nach Urumqi. Zu diesem Zeitpunkt existierten bereits zahlreiche Reisebeschränkungen für Uiguren. Muhammad musste mehrere Genehmigungen einholen, bis er die Reise in die Hauptstadt Xinjiangs im September 2014 schließlich antreten durfte. Zu dieser Zeit, erinnert sich Muhammad, wurden Tausende von uigurischen Männern verhaftet, und er erfuhr, dass auch für ihn ein Haftbefehl ausgestellt worden war. Sich keiner Schuld bewusst, stellte sich Muhammad bei einer Polizeistation in Urumqi.

Die Beamten führten eine medizinische Untersuchung durch, rasierten ihm den Kopf, gaben ihm Sträflingskleidung und brachten ihn in ein Internierungslager, in dem er die kommenden fünf Monate verbrachte.

In eine Zelle von knapp 6,5 Quadratmetern waren 16 Männer gepfercht worden. Immer zwei Männer waren mit Fußfesseln aneinander gekettet. Schlafen konnten die Gefangenen nur in zwei Schichten, da sich immer nur acht Männer gleichzeitig hinlegen konnten. In der Ecke stand ein Eimer zum Urinieren. Muhammad berichtet, dass Gestank und Kälte in der Zelle unerträglich waren. Das Essen bestand aus Hefeklößen und einer dünnen Suppe, die entweder zu salzig oder völlig ungesalzen war. Aufgrund der Mangelernährung begannen seine Zähne zu wackeln und drohten auszufallen. Der Raum war kameraüberwacht und jeden Tag mussten die Gefangenen chinesische Gedichte auswendig lernen. Wem das nicht gelang, dem drohten Strafen. Uigurisch zu sprechen, war strengstens verboten. Lippenbewegungen wurden von den Wachen als Koran-Rezitation ausgelegt und sofort bestraft.

Eines Tages fragte eine der Wachen, ob es einen Koch unter den Gefangenen gäbe. Muhammad meldete sich und fortan durfte er in der Küche arbeiten, die zwischen Zelle und Verhörraum lag. Immer wieder hörte er die Schreie von Menschen, die dort teils 48 Stunden lang ohne Schlaf und Nahrung verhört wurden.

Am 5. Mai 2015 teilten die Beamten ihm mit, dass er zwar unschuldig sei, »es aber noch ein paar Dinge für ihn zu tun gebe«. Muhammad wurde mit einem Polizeiauto in ein »Ausbildungszentrum« gebracht. Die Situation dort sei etwas besser gewesen, allerdings waren auch hier alle Räume kameraüberwacht. Beten oder rituelle Waschungen waren strengstens verboten. Dafür gab es einen »Morgenlauf«, der sich für viele als Tortur entpuppte. »Da waren 70-jährige Frauen, die konnten nicht laufen, sogar gehen war schwer für sie und manchmal stolperten sie und fielen hin«, erzählt er am 11. September 2021 in London dem Uyghur Tribunal. »Dann schlugen und traten die Polizisten sie, bis sie wieder aufstanden.« Anschließend gab es Frühstück, das still und mit gesenktem Kopf gegessen wurde. Bis zum Mittag mussten die Insassen dann die chinesische Sprache und Propaganda lernen. Nach einer Stunde Mittagspause ging es weiter bis zum Abend. Und nach dem Abendessen bis 22 Uhr folgten Lektionen darüber, welche religiöse Praktiken als gefährlich galten. »Der gesamte Unterricht sollte uns klarmachen, wie großzügig und gutmütig die chinesischen Invasoren waren und dass wir der kommunistischen Partei dankbar sein sollten«, erinnert sich Muhammad. Wer nicht schnell genug lernte, dem drohte die Rücksendung in eine Haftanstalt.

Nach 70 Tagen wurden Muhammad erstmals freigelassen und konnte seine Familie wiedersehen. Er erfuhr, dass nahezu alle seine Angehörigen in einem Lager gewesen waren. Doch gerade als Muhammad freigelassen werden sollte, suchte man einen Koch. Er wurde gezwungen, weitere sieben Monate im Lager zu bleiben – dieses Mal als »Angestellter«.

Nachdem seine Frau einen Herzinfarkt erlitten hatte, bat er um Urlaub, der ihm auch gestattet wurde. Erstmals nach seiner Inhaftierung sah Muhammad seine Stadt wieder: »Ganze Gemeinden waren mit Eisentoren verschlossen und überall Kameras installiert.« Im Sommer 2015 wurde Muhammad endgültig entlassen. 2016 gelang es ihm, Pässe für sich und seine Familie zu bekommen und das Land zu verlassen.

Das Freiluftgefängnis

»Wir werden eine umfassende dreidimensionale Prävention und Kontrolle rund um die Uhr implementieren.«

Chen Quanguo, Parteisekretär der KPCh in Xinjiang, 2018

Als ich im November 2019 nach knapp vier Jahren wieder nach China zurückgekehrt war, stand ich mit meinem Freund und Kollegen Janis Vouioukas an einer Straßenkreuzung in Shanghai. Vouioukas hatte die letzten 20 Jahre hier verbracht. Anfangs hatte ihn das kreative Chaos, die Anarchie im Alltag angezogen. So unglaubwürdig es heute klingen mag – lange Zeit waren die empfundenen persönlichen Freiheiten größer als in Westeuropa (natürlich so lange man zu einer privilegierten, gut verdienenden Schicht gehörte und politisch nicht aneckte, was auf die überwiegende Mehrheit der Ausländer ja zutraf). Doch Vouioukas einstiges China hatte sich längst verändert. Von der Anarchie war nicht mehr viel übrig. Positiv fiel mir auf, dass sich in den vergangenen Jahren die Shanghaier Autofahrer daran gewöhnt zu haben schienen, die Verkehrsregeln zu beachten. Zumindest hielten die allermeisten Autos nun an, wenn Fußgänger auf einem Zebrastreifen zum Überqueren der Straße ansetzten.

»Das ist kein Wunder«, sagte Vouioukas, »schau mal nach oben.« Zusammen zählten wir acht Überwachungskameras, die die kleine Straßenkreuzung in der ehemaligen Französischen Konzession im Blick hatten. China baute gerade ein umfassendes Verkehrsüberwachungssystem auf. In

Teilen funktionierte es bereits: Wer bei Rot über eine Ampel fuhr, wurde von einer der Kameras erfasst, gescannt und identifiziert. Der Bußgeldbescheid wurde dann automatisch ausgestellt. Im Falle von Fußgängern wurde der Übeltäter auch Ende 2019 schon an manchen Kreuzungen an einen Bildschirm projiziert und in bester Tradition der Kulturrevolution öffentlich beschämt. Die Bußgelder abzubuchen, war ohnehin ein Leichtes: Wer heute in China mit Bargeld bezahlen will, erntet genervte Blicke. Nahezu der gesamte Zahlungsverkehr findet online über die Apps der beiden Anbieter Tencent (WeChat) und Alibaba (Alipay) statt. Das ist praktisch, und eine Datenschutzbewegung konnte sich in China ohnehin nie formieren.

Die Shanghaier Kreuzung war erst der Anfang. Demnächst sollen die verschiedenen Überwachungssysteme zusammengeführt werden und in das sogenannte »Social Credit System« münden. Jeder Bürger erhält dann eine bestimmte Punktzahl, die durch von der Regierung als wünschenswert angesehene Taten (Steuern pünktlich zahlen, patriotische Äußerungen, Windelkauf) steigen, oder durch vermeintlich schlechtes Verhalten (Verkehrsdelikte, kriminelle Delikte, zu viel Zeit mit Computerspielen verbringen) sinken können. Man kann das euphemistisch als Gamification des Alltags bezeichnen, oder eben als digitalen Albtraum. Fakt ist, dass die Chinesen wenig Widerstand gegen die Einführung dieses Systems leisten können.

Die Methoden hatte die Regierung schon länger erprobt. Überwachungstechniken, die früher oder später im ganzen Land zur Anwendung kommen werden, testete man vor allem in Xinjiang und verwandelte das uigurische Stammland in den vergangenen Jahren in eine Art Versuchslabor. Während in den Städten der Ostküste vieles davon wie eine angenehme Erleichterung des Alltags daherkommt, wie zum Beispiel das bargeldlose Bezahlen, ist es im Westen des Landes Teil eines gigantischen Freiluftgefängnisses.

In einer langen Reportage im Magazin *The New Yorker* schildert die Uigurin Anar Sabit, die selbst einige Monate in einem Lager in Kuytun verbracht hatte, dass sie sich nach ihrer Freilassung längst nicht in Freiheit befand. Sobald sie ein Einkaufszentrum der Stadt betrat, war sie sofort von Sicherheitsbeamten umringt. Kameras hatten ihr Gesicht erkannt und mit einer Datenbank abgeglichen, in der sie als verdächtige Person gemeldet war. Verlassen durfte sie die Stadt ohnehin nicht und eine Beamtin teilte ihr mit, man werde in den kommenden Monaten sehr genau schauen, mit wem sie sich umgebe. Fast überall, wohin Sabit ging, löste das System einen Alarm aus. Jedes Mal musste sie den Beamten erklären, sie sei bereits in den Lagern gewesen und »umerzogen«, bis man sie wieder gehen ließ.

Der Überwachungs-Wahnsinn in Xinjiang begann nach den Unruhen von 2009. Aus chinesischer Sicht hatten Websites in uigurischer Sprache dazu beigetragen, die gewaltsamen Proteste auszulösen. Fast zehn Monate lang waren Teile von Xinjiang danach völlig vom Internet abgeschnitten. Internationale Social-Media-Plattformen blieben dauerhaft gesperrt. In den kommenden Jahren setzte die KPCh alles daran, ein in ihren Augen kriminelles Verhalten schon vorab zu erkennen. Big Data und Big Tech sollten dabei helfen. Unternehmen, die dazu etwas beisteuern konnten, wurden von der Regierung Aufträge in Millionenhöhe versprochen. 2013 wurden QR-Codes an Haustüren angebracht, die Informationen über die Bewohner enthielten. Jedes Fahrzeug wurde mit einem GPS-Tracker ausgestattet, jede Telefonnummer und jedes Handy registriert. In Xinjiang galt fortan der Ausnahmezustand und ab 2017 begann die systematische Erfassung aller Bürger. Deswegen werden von den Lagerinsassen als Erstes DNA- und Stimmproben genommen. Hinzu kommen Iris-Erkennung, Gesichtsscans und ganz altmodische Fingerabdrücke. Der langjährige Korrespondent der *Süddeutschen Zeitung* Kai Strittmatter schreibt in seinem Buch »Die Neuerfindung der Diktatur: Wie China den digitalen Überwachungsstaat aufbaut und uns damit herausfordert«: »Eines der mächtigsten Instrumente der Massenüberwachung in Xinjiang ist die ›Integrierte Plattform für Gemeinsame Operationen‹, IJOP, ein auf Künstlicher Intelligenz aufgebautes System, das Daten über alle Bürger Xinjiangs sammelt und dessen Algorithmen die Behörden dann über potenziell Verdächtige alarmieren. Die Plattform kommt mit einer App, die es Polizisten draußen auf der Straße ermöglicht, Gesichtssinns- und Ausweis-Informationen von Passanten unmittelbar mit der zentralen Datenbank abzugleichen.«

Betrieben wird diese App von einer Tochterfirma des Rüstungszulieferers China Electronics, die seit 2018 auch mit dem deutschen Siemens-Konzern zusammenarbeitet, schreibt Strittmatter weiter. Laut des Unternehmens soll die App dazu dienen, Terroristen aufgrund ihres Verhaltens schon vorzeitig zu identifizieren. Verdächtig machen können dabei schon ein erhöhter Stromverbrauch, weniger Kontakt mit den Nachbarn oder wenn das eigene Telefon für längere Zeit offline ist, aber auch Apps wie Telegram, WhatsApp oder Facebook. Eine Reise ins Ausland gilt als höchst verdächtig. Recherchen von Human Rights Watch zeigen, wie ein chinesischer Beamte insgesamt »36 Persönlichkeits-Typen mit Gefährderpotenzial« auf seinem Smartphone angezeigt bekommt.

So erging es Anar Sabit, der gebürtigen Kasachin, die eigentlich in Kanada lebt, aber ihre Mutter in Xinjiang besuchte. Im Magazin *The New Yorker* schildert sie, wie sie aufgrund ihrer Reisetätigkeit festgenommen wurde. »Du warst in zu vielen Ländern, das könnte ein sehr großes Problem sein«, sagte ein Sicherheitsbeamter zu ihr, bevor sie in das »Kuytun City Vocational Skills Re-eduction Training Center Administrative Bureau«, ein Lager, eingewiesen wurde, wo sie fast ein Jahr verbrachte.

Allein bis 2019 hatte Peking mehr als sieben Milliarden US-Dollar in den Aufbau des Überwachungssystems in Xinjiang investiert. Start-ups können in der Region ihre Produkte erproben, um sie danach in andere autoritäre Staaten zu exportieren – wie zum Beispiel das chinesische Unternehmen CloudWalk aus Guangzhou, dessen Gesichtserkennungssoftware auch in Simbabwe zum Einsatz kommt.

Die Systeme sind so trainiert, dass sie uigurische Gesichter von chinesischen unterscheiden können. Die *New York Times* schreibt von einem »automatisierten Rassismus«, den das Uyghur Face Detection (UFD) ermögliche.

»Tatsächlich ist die Heimat der Uiguren zu einem Inkubator für Chinas ›Terrorkapitalismus‹ geworden«, schreibt Darren Byler in der britischen Zeitung *The Guardian*. Ein neues »Anti-Terrorismus-Gesetz« schuf die rechtlichen Voraussetzungen: Fortan waren religiöse Tätigkeiten wie Beten schon höchst verdächtig.

Innerhalb weniger Jahre entstanden mehr als 1400 Unternehmen, die im Bereich Sicherheit und Überwachung tätig sind. Die größten sind Megvii, Hikevision, Dahua, Liantronics und Sensetime. Auch Smartphone-Hersteller und Netzwerk-Ausrüster Huawei ist mit von der Partie. Selbst der harmlos wirkende und im chinesischen Alltag omnipräsente E-Commerce-Konzern Alibaba mischt mit: Eine Schnittstelle zur Alibaba-Cloud verspricht, uigurische Gesichter treffsicher zu identifizieren. Die Firma Tiandy mit einem Umsatz von 600 Millionen US-Dollar im Jahr wirbt mit einem »Smart Interrogation Table« – eine technologisch aufgerüstete Version des berüchtigten »Tiger Chair«. Das Start-up Meiya Pico versprach, mit einer Software sofort Benutzer erkennen und melden zu können, die uigurische Sprache oder islamische Symbole benutzen. Hikvision entwickelte ein Programm zur Erkennung von uigurischen Gesichtszügen. Hinzu kam Software, die Bewegungsdaten, Arbeit, schulischen Werdegang und sonstige Aktivitäten registrierte und nach verdächtigen Mustern auswertete. Die Computer wurde dabei immer leistungsfähiger. Konnte das System anfangs nur die Bewegungsdaten von Menschenmengen erfassen, war es bereits 2018 möglich, Gesichtsausdrücke einzelner Personen zu lesen. Die Staatspresse feierte im Sommer 2017 das »Ürümqi Cloud Computing Center« als Super-Computer.

Doch zunächst musste der Algorithmus mit Daten gefüttert werden. Dafür wurden Hunderttausende Beamte angeheuert, die ab 2015 Millionen von Uiguren Gesundheitschecks unterzogen, ihre genetischen Informationen speicherten, Iris-Scans machten und Fingerabdrücke nahmen. Die Menschen mussten sogar verschiedene Stimmungen simulieren, damit die Software später emotionale Zustände wie Ärger oder Aggression leichter erkennen konnte. Schließlich waren die Uiguren dazu angehalten, bestimmte Apps auf ihren Telefonen zu installieren, um die Überwachung zu erleichtern. Die *Süddeutsche-Zeitungs*-Korrespondentin Lea Deuber schilderte 2019, wie eine solche App ohne ihre Zustimmung bei der

Einreise von Kirgistan nach Xinjiang auf ihr Smartphone gespielt wurde und es in den kommenden zwölf Stunden nach verdächtigen Inhalten durchsuchte.

Alle Informationen laufen bei IJOP zusammen, wo aufgrund von Daten entschieden wird, ob jemand eine Flug- oder Bahnreise antreten darf, öffentliche Plätze meiden sollte oder ganz unter Hausarrest gestellt wird – und wer zur »Umerziehung« in ein Lager muss. Laut den »China Cables« soll das IJOP-System im Frühjahr 2017 im Süden Xinjiangs 24 412 Personen als verdächtigt identifiziert haben, von denen dann 15 683 in ein Lager eingewiesen wurden.

Doch nicht nur chinesisches Geld fließt in die Überwachungs-Architektur in Xinjiang. Wie das Magazin *Buzzfeed* im Juni 2019 enthüllte, investierten auch amerikanische Institutionen wie die Princeton University und sogar amerikanische Pensionsfonds in die dort tätigen Unternehmen SenseTime und Megvii. Beide Firmen nutzen für ihre Technik zudem Chips des kalifornischen Herstellers Nvidia und Prozessoren von Qualcomm. Auch das Unternehmen Oracle hat wohl Software geliefert, die beim Ausspähen der Uiguren zum Einsatz kommt.

In Xinjiang setzt die KPCh aber nicht nur auf moderne digitale Technik allein. Hinzu kommen vergleichsweise altmodische, stalinistische Methoden: Seit dem Amtsantritt von Chen Quanguo hat sich die Zahl der Polizisten und Sicherheitsbeamten vervielfacht. Beamte wurden dazu angehalten, Uiguren mit Kategorien zu versehen: »sicher«, »durchschnittlich« und »unsicher«. Wer als »unsicher« vermerkt wird, landet früher oder später in einem der Konzentrationslager.

Die Zwangseinquartierungen von Kadern oder ganzen Han-chinesischen Familien bei Uiguren sollen deren Lebensweise und Geisteshaltung überwachen. Immer wieder kommt es dabei auch zu sexuellen Übergriffen von chinesischen Männern auf uigurische Frauen.

»Neben der Entwicklung einer ausgeklügelten Technologie, die es ermöglicht, die 24 Millionen Menschen in ein ›digitales Gehäuse‹ einzuschließen, hat der Staat Hunderttausende von Angestellten eingesetzt, um die Bevölkerung zu bewerten, um festzustellen, wer als ›vertrauenswürdig‹, ›normal‹ oder ›nicht vertrauenswürdig‹ gilt, wobei diejenigen, die als ›nicht vertrauenswürdig‹ gelten, in ›Umerziehungs‹-Lager geschickt werden«, sagte Darren Byler, Autor und Assistant Professor für International Studies an der Simon Fraser University von British Columbia in Kanada, auf dem Uyghur Tribunal Mai 2021 in London. »Dies war insbesondere die Mission der ›Han-Verwandten‹, die im Rahmen des ›Eine-Familie-Werden‹-Programms entsandt wurden, und damit beauftragt wurden, nach Anzeichen von Ressentiments oder fehlendem Enthusiasmus bei chinesischen patriotischen Aktivitäten zu suchen.« Zum Beispiel laden die Han-chinesischen Beamten muslimische Uiguren zum Alkoholtrinken ein, um deren Atheismus zu »testen«.

Die Kasachin Tursunay Ziyawudun schilderte, wie nach ihrer Entlassung aus dem Lager zwei Beamte bei ihr einquartiert worden waren. Während des Fastenmonats Ramadan forderten diese sie auf, mit ihr Alkohol zu trinken. »Ich sagte, dass ich krank war und nicht konnte, aber sie zwangen mich trotzdem. Dann wurde ich beim Trinken von Alkohol gefilmt und es wurde auf WeChat veröffentlicht.«

Anar Sabit wird nach Verlassen des Lagers dazu gedrängt, einen Chinesen zu heiraten. Die Überwachung ist allgegenwärtig: Als sie bei Verwandten ein Familienfoto aufnimmt, und es auf WeChat postet, erhält sie kurz darauf eine Nachricht einer Beamtin: Im Hintergrund war ein uigurischer Dichter zu erkennen, ein Hinweis auf separatistische Gedanken. Sabit löscht das Foto auf Geheiß.

Seit Beginn der Corona-Pandemie finden zahlreiche Überwachungsmaßnahmen unter dem Deckmantel der Pandemie-Bekämpfung statt. Bei allen Corona-Tests, die willkürlich immer wieder durchgeführt werden, erfasst man persönliche Daten. Die Tatsache, dass alle gesammelten Informationen Eingang in die zentrale Datenbank IJOP finden, lässt nichts Gutes für das gesamte Land (und die Welt) erahnen. In Xinjiang treffen autonome Computersysteme anhand von Daten Entscheidungen über das Schicksal von Menschen.

Sabit überlebt sowohl das Lager als auch den digitalen Albtraum. Anfang 2019 schließlich erhält sie ihren Pass von den Behörden zurück und kann ausreisen. Als sie den Bus besteigt, der sie über die Grenze bringen soll, und ihre ID-Card auf den Scanner legt, betet sie, es möge kein Alarm losgehen. Es klappt. Ein halbes Jahr später – sie lebt mittlerweile in den USA – findet sie schließlich den Mut, über ihre Erlebnisse zu sprechen und sie aufzuschreiben. Noch immer aber begleiten sie Albträume über die Zeit in den Lagern und eine posttraumatische Belastungsstörung. Wie es den Millionen Uiguren geht, die es nicht ins Ausland geschafft haben, lässt sich nur erahnen.

Uyghur Tribunal III

»Dazu sangen die Gefangenen ›Lang lebe Xi Jinping!‹«

Mihrigul Tursun
Geboren 1989 in Cherchen, Xinjiang
Wirtschaftswissenschaftlerin

Mihrigul Tursun ist Uigurin, verbrachte jedoch die meiste Zeit ihrer Kindheit in Guangzhou. Schon früher war es Praxis gewesen, uigurische Kinder von den Eltern zu trennen, um sie zu »sinisieren«. Bei Tursun aber hatte dies eher den gegenteiligen Effekt: »Die ständige Diskriminierung und Demütigung, die ich als Uigurin in einer chinesischen Schule in einer chinesischen Stadt erleben musste, ließen mich erkennen, dass ich anders war als die Mehrheit der Han-Bevölkerung«, sagt sie am 9. April 2021 vor dem Tribunal in London. Dann fährt sie fort, ihre Geschichte zu erzählen.

Tursun studierte Wirtschaft in Guangzhou und arbeitete zunächst für eine arabische Firma. 2011 zog sie nach Kairo, um Arabisch zu lernen, wo sie auch ihren Mann kennenlernte. 2015 wurde sie Mutter von Drillingen. Da sie sich aber ohne ihre Eltern überlastet fühlte, flog sie am 13. Mai 2015 zurück nach Urumqi. Bei ihrer Ankunft wurde sie festgenommen und von ihren Kindern getrennt. Tursun wurde drei Tage lang verhört und anschließend für sieben Tage in eine dunkle Zelle gesperrt. Erst im Juli sah sie ihre Kinder wieder. Die Beamten behielten ihren Ausweis, Wertsachen und

Handy ein und sie wurde in ein Krankenhaus gebracht. Dort sah sie ihre drei Babys, die man über Schläuche ernährte. Sie konnte sich das nicht erklären, da ihre Kinder vorher gesund genug gewesen waren, um sie an der Brust zu stillen. Am nächsten Tag teilte man ihr mit, dass eines der Kinder verstorben sei. Tursun zog mit ihren zwei Kindern zu ihren Eltern. Nach Ägypten durfte sie nicht zurück, ihre Reisedokumente verblieben bei den Behörden. Im Alltag aber wurde sie auf Schritt und Tritt überwacht. »Wo immer ich meinen Ausweis verwenden musste, in der Apotheke, im Krankenhaus oder im öffentlichen Bus, piepte der Scanner und sofort wurde die Polizei informiert.«

Im April 2017 wurde sie ein zweites Mal inhaftiert. Wieder wollten die Beamten etwas über ihren Auslandsaufenthalt erfahren. Sie schlugen sie so hart, dass sie auf dem rechten Ohr taub wurde. Ihr wurden Medikamente verabreicht und diverse medizinische Test vorgenommen. Tursun berichtet, man habe ihr auf schmerzvolle Weise etwas in die Vagina eingeführt. Danach bekam sie sieben Monate lang ihre Periode nicht mehr. Tursun wurde der Kopf kahl rasiert. Sie erhielt einen schwarzen Pyjama und die Nummer 54. Anschließend wurde sie in ein Lager gebracht. Die Zelle war etwa 40 Quadratmeter groß, darin befanden sich 40 Frauen. Ein Teil stand, damit andere im Liegen schlafen konnten. Alle zwei Stunden rotierten die Frauen. Die Toilette bestand aus einem Eimer in der Ecke des Raumes. Um 5 Uhr morgens wurden sie durch eine Sirene geweckt. Zum Frühstück gab es gedämpftes Brot (»Baozi«) und dünne Reissuppe. Dazu sangen die Gefangenen »Lang lebe Xi Jinping«. Immer wieder wurden die Frauen dazu gezwungen, Pillen und eine »weiße Flüssigkeit« zu sich zu nehmen, was zu extremen Unterleibsblutungen führte.

»Die schrecklichsten Tage für mich waren, als ich Zeuge des Leidens und Todes von Zellengenossen wurde«, erinnert sich Tursun. »Die Nächte waren die geschäftigste Zeit in den Lagern: Dann wurden Menschen in andere Zellen verlegt. Wir hörten Männer schreien vor Qual.« Tursun selbst wurde Zeuge von neun Morden innerhalb von drei Monaten.

Immer wieder wurde sie verhört und dazu auf einem »Tiger Chair« festgeschnallt. Tursun wurde mit Elektroschocks malträtiert, bis sie ihre Peiniger darum bat, sie zu töten. Als sie ohnmächtig wurde, brachte man sie in die Psychiatrie. Anschließend durfte sie zurück zu ihren Eltern, um wieder zu Kräften zu kommen. Im November 2017 wurde Tursun zum dritten Mal verhaftet. Man erzählte ihr, sie sei zum Tode verurteilt worden. Tatsächlich aber wurde sie kurz darauf in ein weiteres Lager gebracht. Zwei Stunden vor ihrer Entlassung erhielt sie eine Injektion. Als man sie schließlich entließ, durfte sie ihre zwei Kinder, nicht aber ihre Eltern wiedersehen. Sie musste ein Dokument unterschreiben, demzufolge sie nie gefoltert wurde. Man drohte ihr, ihre Familienmitglieder in die Konzentrationslager einzuweisen, sollte sie sprechen.

Tursun reiste zunächst nach Peking. Von dort wollte sie mit ihren Kindern nach Ägypten. Dreimal wurde sie daran gehindert, ein Flugzeug zu besteigen, das sie außer Landes bringen sollte, angeblich weil Dokumente fehlten. Am 28. April 2018 landete sie schließlich in Kairo. Im November emigrierte sie in die USA, wo sie heute lebt. Tursun und ihre Kinder leiden unter posttraumatischen Belastungsstörungen.

Als Tursun begann, über die Zustände in den Lagern zu sprechen, erhielt sie eine Sprachnachricht ihres Bruders. Er forderte sie auf, ihre Lügen zu widerrufen, sie bringe Schande über ihre Familie und Land. Tursun ist sicher, dass die Behörden ihren Bruder dazu gezwungen haben.

Der Weltkongress der Uiguren

»In 20 Jahren wird China der mächtigste Staat der Welt sein: Wie wird diese Welt dann aussehen?«

Dolkun Isa, Präsident des WUC, 2020

»Seit 2018 haben antichinesische Kräfte im Ausland ihre Bemühungen verstärkt, China zu verunglimpfen, insbesondere die Ausbildungs- und Trainingszentren in Xinjiang. In den vergangenen zwei Jahren wurden noch mehr Fake News über Xinjiang verbreitet. Der World Uyghur Congress ist weltweit aktiv, um Lobbyarbeit gegen China zu betreiben«, so zitierte im März 2020 die staatliche chinesische Zeitung *Global Times* den Rechtsexperten Wang Jian vom Institute of Law of the Chinese Academy of Social Sciences.

In dem Artikel findet sich auch eine Infographik, die die vermeintlich klandestinen Verbindungen der Organisation aufdecken soll: Die reichen angeblich vom CIA bis zu den ultra-nationalistischen »Grauen Wölfen«, einer Geheimorganisation der türkischen MH-Partei, der Verbindungen ins kriminelle Milieu nachgesagt werden. Der World Uyghur Congress (WUC) soll sein Netz über 18 Länder gespannt haben und Attentate in China unterstützen. Das ist das Bild, das Peking vom WUC hat, beziehungsweise das Bild, das es vermitteln möchte: eine geheime, separatistische, terroristische Organisation.

Kaum zu glauben, dass diese Organisation ausgerechnet im für Weltstädte doch eher beschaulichen München sitzt. Die Adolf-Kolping-Straße ist eine ruhige Straße inmitten einer für Münchner Verhältnisse ungewöhnlich belebten und internationalen Gegend. Döner-Läden reihen sich hier an An- und Verkaufsgeschäfte für Gold und Kioske, die Prepaid-Handykarten verkaufen. Im dritten Stock eines unscheinbaren Hauses residiert hier seit 2004 die inoffizielle und nicht anerkannte Auslandsvertretung der Uiguren. Auch die Satzung des WUC klingt eher harmlos: »Der Weltkongress der Uiguren ist bestrebt, Demokratie, Menschenrechte und Freiheit für das uigurische Volk zu fördern. Mithilfe friedlicher, gewaltfreier und demokratischer Mittel trägt der Kongress zu einer selbstbestimmten Zukunft für das uigurische Volk bei,« heißt es dort. Und doch ist es die wichtigste Organisation für uigurische Belange.

Die Wände sind im selben Blau gestrichen wie die Farbe der Flagge Ostturkestans. Und auch Präsident Dolkun Isa trägt einen Anzug in diesem Blau. Isa ist ein kleiner, drahtiger Mann, der nicht müde wird, immer wieder auf das aufmerksam zu machen, was seinen Mitstreitern und ihm schon lange bekannt ist. Und er weist darauf hin, dass die Menschenrechtsverletzungen durch die kommunistische Partei Chinas schon begannen, als davon im Westen kaum jemand Notiz nahm. Immer wieder versuchte er, Medien und Politiker wachzurütteln. Aber bis zum Wendepunkt im Sommer 2018, wie Isa es nennt, geschah wenig. Da gab es die Lager schon gut zwei Jahre. Die Hauptstadt Urumqi war vom internationalen Flugverkehr abgeschnitten, allen Uiguren der Pass abgenommen. Die Behörden beschlagnahmten Korane und Gebetsteppiche. »Jedes Mal, wenn so etwas geschah, haben wir darauf hingewiesen, aber meist passierte nicht viel«, sagt er. »Für Xi Jinping und die Regierung in Peking war das ein klares Signal: Ok, wir können weitermachen. Es kommt kein

Druck aus dem Ausland. Jetzt können wir das Volk komplett auslöschen!«

Längst macht Pekings Einfluss nicht mehr vor den Staatsgrenzen halt. Der WUC, erzählt Isa, erhalte ständig Hass-E-Mails und Drohungen. Immer wieder werden E-Mails gehackt. Eine Kommunikation mit Verwandten in Xinjiang sei schon länger unmöglich geworden. Isa wurde auf Drängen Pekings von 2006 bis 2018 von Interpol mit einem roten Vermerk gesucht. Deutschland gab zwar dem Gesuch nach Auslieferung des mittlerweile deutschen Staatsbürgers nie nach. Als jedoch 2016 Hong Mengwei, Mitglied der KPCh, Präsident von Interpol wurde, alarmierte das Menschenrechtsgruppen, weil sie befürchteten, China könne so politische Dissidenten festnehmen. 2017 wurde Isa schließlich in Rom, auf dem Weg zum Senat, auf Geheiß von Interpol für mehrere Stunden festgehalten.

Erst 2018, als Hong das Amt abgeben musste, widerrief Interpol den Haftbefehl. 2020 schließlich wurde Hong in China wegen Korruption verurteilt. Manche vermuten, der wahre Grund für Hongs Verurteilung könnte sein Scheitern beim Festnehmen und Ausliefern von Personen wie Isa gewesen sein.

Doch nicht nur via Interpol setzt Peking den WUC in München unter Druck. Mareike Ohlberg und Clive Hamilton schreiben in ihrem Buch »Die lautlose Eroberung – Wie China westliche Demokratien unterwandert und die Welt neu ordnet«: »Der in Deutschland ansässige Weltkongress der Uiguren (WUC) wird in der Datenbank World Check, die von Regierungen und Banken genutzt wird, um Terroristen und mit Finanzkriminalität verbundene Personen aufzuspüren, als terroristische Organisation geführt. Die Folge ist, dass die Deutsche Bank und die Western Union Auslandsüberweisungen von WUC-Präsident Dolkun Isa ohne Begründung blockierten. Isa wurde auch am Geldwechseln gehindert, als er in Genf an einer Sitzung der Menschenrechtskommission der Vereinten Nationen teilnahm. Andere Mitglieder des Weltkongresses der Uiguren sind auf ähnliche Hindernisse gestoßen.«

Isa kam 1996 nach München. Zuvor hatte er zwei Jahre in Ankara studiert. Geboren ist er in Xinjiang, in der Provinz Aksu. Seine Geschichte ist eng verbunden mit der der 1980er Jahre, als chinesische Bürger die vielleicht freieste Zeit in den vergangenen 100 Jahren erlebten. Nach Maos Tod hatte Deng Xiaoping Reformen durchgeführt. Deng wird noch heute in China wie im Westen gleichermaßen wie ein Säulenheiliger verehrt. Ohne ihn gäbe es das moderne China tatsächlich nicht. Bis zum Tiananmen-Massaker am 4. Juni 1989 schien es in China möglich, dass wirtschaftliche Freiheiten mit politischen Hand in Hand gehen.

Isa erinnert sich: »Damals lag der Anteil der Analphabeten in Xinjiang bei bestimmt 60 Prozent. In ganz China gab es viele, die nicht lesen und schreiben konnten, aber in Turkestan waren es besonders viele. Wir Studenten verbrachten die Sommerferien auf dem Land und hatten eigentlich nichts zu tun. Wir lasen ein paar Bücher, aber eigentlich lagen wir herum, aßen und schliefen. Eine verlorene Zeit! Ein paar Freunde und ich hatten deswegen die Idee, den Leuten auf dem Dorf während unserer Ferien Lesen und Schreiben beizubringen. Wir beriefen uns dabei sogar auf die Verfassung, in der ja die Rede von der Entwicklung und Bildung des Volkes ist.« Isa aber bekam Ärger mit den Behörden, denen die Eigeninitiative der Studenten nicht passte. »Damals setzten sich die Kader noch mit den Studenten an einen Tisch«, erzählt er. »Das ist heute völlig undenkbar. Wir diskutierten, und am Ende forderte man uns auf, mit den Dorfschulen aufzuhören.«

Isa erkannte zu diesem Zeitpunkt, dass sich dahinter die systematische Zurücksetzung der Uiguren verbarg und Han-Chinesen immer den Vorzug erhielten. Die Ungleichheit zwischen beiden Volksgruppen war jedoch nicht so sichtbar wie heute. Arm waren schließlich alle. Chinas Pro-Kopf-Einkommen lag damals bei 300 US-Dollar im Jahr. Luxus und Vergnügen gab es ohnehin nicht, den meisten Menschen ging es ums Überleben.

Nach dem Tiananmen-Massaker 1989 begann in China politisch eine bleierne Zeit. Proteste, offene Kritik oder gar Demokratiebestrebungen gehörten der Vergangenheit an. Die kommunistische Partei studierte sehr genau, was in der Sowjetunion und den anderen Ostblock-Staaten passierte. Aus der Sicht der KPCh war klar: Die Zügel auch nur etwas zu lockern, führt unweigerlich zum Zerfall des Regimes, ja des ganzen Staates. Bis heute ist das übrigens eine Art Menetekel der Partei in Peking: Mit aller Kraft müsse das verhindert werden, was 1989 im Ostblock geschah.

Für Isa hatte der Umschwung konkrete Folgen: Er wurde aufgrund seiner Forderungen nach mehr Mitbestimmung von der Universität suspendiert – vier Monate vor seinem Abschluss. Isa ging daraufhin nach Peking, studierte Englisch und Türkisch und eröffnete ein uigurisches Restaurant in Universitätsnähe. Seine Augen leuchten, wenn er davon erzählt, und man kann sich vorstellen, dass diese Jahre zu den leichtesten seines Lebens gehörten.

»Mein Restaurant wurde zu einem Anlaufpunkt für Ausländer, weil viele unsere uigurische Küche bevorzugten. Für mich war das doppelt vorteilhaft, weil ich mein Englisch dabei praktizieren und verbessern konnte.« Lange aber hielt die Unbeschwertheit nicht an. Aufgrund der vielen ausländischen Studenten, die in Isas Restaurant zu Gast waren, vermuteten die Behörden, der Laden sei Zentrum eines westlichen Spionagenetzes. »Ich wurde von meinen Freunden gewarnt, dass ich in den Listen von Sicherheitsbehörden gelandet bin.« Isa ließ sich von chinesischen Freunden einen gefälschten Pass besorgen. Mit dem flog er 1994 zunächst in die Türkei, wo er zwei Jahre blieb. 1996 kam er nach München, wo acht Jahre später der »Weltkongress der Uiguren« gegründet wurde. Der Name klingt etwas überdimensioniert für eine Organisation, die offiziell keine Vertretung der Uiguren sein kann (die meisten Uiguren in China dürften von der Existenz der Organisation gar nichts wissen), und die sich in einer Stadt befindet, in der nicht einmal 1000 Uiguren leben. Wie aber kam der WUC überhaupt nach München?

Die Geschichte reicht zurück in die Zeit des Kalten Kriegs. Damals sendete Radio Liberty von München aus in den Ostblock. Der Radiosender war 1949 von der CIA gegründet worden, mit dem Ziel, die Völker im Einflussbereich der Sowjetunion mit amerikanischen Nachrichten in deren Sprache zu versorgen. Da zu dieser Zeit in den damaligen Sowjetrepubliken Kasachstan, Usbekistan und Kirgistan viele Uiguren lebten, gab es auch ein Programm in uigurischer Sprache. Nachdem die USA unter Richard Nixon einen geopolitischen Schwenk vollzogen hatten, und anstatt Taiwan Peking als alleinige Vertretung Chinas anerkannten, wurde das Programm 1979 eingestellt. Zu diesem Zeitpunkt aber hatte sich München schon als Mini-Zentrum des uigurischen Exils etabliert. 2004 vereinigten sich schließlich zwei Dachorganisationen, der »Verband der uigurischen Jugend«, dessen Vorsitzender Dolkun Isa damals war, und der »Ostturkestan Kongress«

zum »Weltkongress der Uiguren«, auf Englisch »World Uyghur Congress«.

Der erste Vorsitzende des WUC war Erkin Alptektin, Sohn des schillernden Isa Yusuf Alptekin, der in Peking als Separatist und Terrorist galt.

Isa Alptekin war 1901 in Kashgar geboren worden. China war zu dieser Zeit noch ein Kaiserreich und von der maroden Qing-Dynastie regiert. Isa Alptekin war uigurischer Nationalist und Panturanist, arbeitete aber eng mit Chiang Kai-shek und der Guomindang zusammen.

Während der englische Wikipedia-Eintrag davon spricht, Alptekin hätte sich gegen die zwei sehr kurzlebigen »Republiken von Ostturkestan« ausgesprochen, ist an anderer Stelle davon die Rede, dass er zu deren Führungsriege gehörte.

Feststeht, dass beide Versuche, einen Staat zu gründen, scheiterten. Die Kommunisten unter Mao Zedong kämpften seit den 1920er Jahren bis 1949 zuerst gegen die Japaner und dann gegen die Guomindang. Als die Guomindang 1949 den Bürgerkrieg verloren und sich Chiang Kai-shek nach Taiwan absetzte, ging Isa Alptekin nach Kashmir ins Exil. Später emigrierte er nach Istanbul, wo er mit türkischen Nationalisten zusammen den Völkermord an den Armeniern leugnete.

In einem Memo, das Alptekin 1969 an US-Präsident Nixon schrieb, bezeichnete er sich als »ehemaliger Generalsekretär der Republik Ostturkestan«: »Wir sind sehr traurig, dass in der Resolution, die Senator Douglas und seine 18 Freunde dem Senat vorgelegt haben, ein Thema unbeachtet geblieben ist. Darin werden Nationen erwähnt, die unter imperialistischer russischer Herrschaft leiden. Der Name des Volkes in Ostturkestan, das unter dem rotchinesischen Imperialismus Gefahr läuft, vom Angesicht der Erde zu verschwinden, ist jedoch nicht unter ihnen erwähnt. In dem in der Resolution als ›Festlandchina‹ bezeichneten Land gibt es gefangene Nationen in Ostturkestan, der Inneren Mongolei, Tibet und der Mandschurei, und wie Sie bereits wissen, haben diese Nationen keine historischen, geografischen oder ethnischen Verbindungen zu China. Die Menschen in Ostturkestan haben nie eine Verbindung zu China gehabt, im Gegenteil, sie gehören bekanntlich einer völlig anderen Nation, der Turk-Nation, in Bezug auf Herkunft, Sprache, Religion und Kultur an.«

Isa Yusuf Alptekin starb 1995 im Alter von 94 Jahren. Zu seiner Beerdigung sollen Tausende von Menschen gekommen sein. Sein Grab liegt auf dem Topkapi-Friedhof in Istanbul in unmittelbarer Nähe der Mausoleen der türkischen Präsidenten Turgut Özal und Adnan Menderes. Das zeigt die Bedeutung, die türkische Nationalisten dem Mann beimaßen.

Der Sohn Isa Yusuf Alptekins, Erkin Alptekin, wurde 2004 Vorsitzender des neugegründeten WUC. Er arbeitete seit 1971 von München aus für Radio Liberty. 1992 gründete er in Kasachstan die »Bewegung zur Befreiung Uiguristans« und wurde kurze Zeit später des Landes verwiesen. Der 82-Jährige lebt heute in Würzburg. Seine Nachfolgerin wurde 2006 Reebiya Kadeer. 2017 schließlich übernahm Dolkun Isa.

Was also ist der WUC? Ein weltweites Netzwerk, das terroristische Aktivitäten in der Volksrepublik China fördert und Verbindungen zur rechtsradikalen türkischen Mafia hat? Oder ein für seine Aufgabe viel zu kleiner Verein von Uiguren, die dem Lagersystem entkommen sind?

Anerkannt wird die Organisation weder von Peking noch von Taiwan. Viele Beobachter stufen den WUC als separatistisch ein und auch der amtierende Präsident Dolkun Isa macht aus dem Separatismus keinen Hehl. Er vermeidet die Bezeichnung »Xinjiang« und spricht in unserem Gespräch konsequent von der Region als »Ostturkestan«. Ziel des WUC ist die »Selbstbestimmung der Völker Ostturkestans«. »Wir fordern ein Referendum über die Zukunft der Region«, sagt Isa.

Das klingt einfacher, als es ist. In der Region leben nicht nur Uiguren und Han-Chinesen, sondern auch Kasachen sowie kleinere Gruppe von Tadschiken, Mongolen und Usbeken. Durch die aggressive Siedlungspolitik Pekings hat sich die Demographie der Region in den vergangenen 70 Jahren verändert: Von den 3,5 Millionen Einwohnern der Hauptstadt Urumqi sind rund 75 Prozent zugezogene Han-Chinesen. In der gesamten Provinz machen Han-Chinesen mittlerweile knapp die Hälfte aus. Selbst wenn diese sich zu einem Referendum bereit erklärten – für wen würden sie wohl stimmen? Es ist kein Geheimnis, dass im Falle von freien Wahlen in ganz China derzeit wohl die kommunistische Partei gewinnen würde. Materieller Wohlstand und Stabilität auf der einen, Propaganda, Gedankenkontrolle und Zensur auf der anderen Seite ist eine Rezeptur, die bei den meisten Chinesen ihre Wirkung entfaltet hat. Die Idee des WUC deswegen lautet: Bei einem solchen Referendum dürften nur diejenigen wählen, die wirklich freiwillig in Xinjiang sind. »Ein Großteil der Han-Chinesen wurden entweder gezwungen oder mit Steuererleichterungen und Gehaltszuschlägen in die Region gelockt«, sagt Dolkun Isa. Er erinnert sich an die 1980er Jahre: »Damals gingen Mitglieder der Bingtuan in den Hungerstreik. Sie wollten endlich wieder zurück in ihre Heimat Shanghai.«

Fakt ist, dass Peking aktiv versucht, die Demographie der Provinz zu verändern, indem es Anreize für Han-Chinesen aus anderen Provinzen schafft, nach Xinjiang zu ziehen, und seit 2016 massenhaft uigurische Frauen sterilisiert. Doch mittlerweile leben eben auch über zehn Millionen Chinesen zum Teil schon seit Generationen in der Provinz. Es ist eher unwahrscheinlich, dass diese alle freudestrahlend auf ihr Wahlrecht im frisch gegründeten Staat Ostturkestan verzichten und sich gen Osten aufmachen. Pekings Vorwurf an den WUC, eine separatistische Organisation zu sein, trifft demnach zu. Der WUC und mit ihm viele Uiguren wollen die Unabhängigkeit von Peking. Damit unterscheidet sich die Organisation nicht von Unabhängigkeitsbewegungen in Katalonien, Schottland, Quebec oder Bayern. Während diese aber in Rechtsstaaten ihre demokratische Repräsentanz finden, ist der WUC in China verboten.

2010, so erzählt Isa, soll auch Horst Seehofer, damals noch Ministerpräsident von Bayern, auf Staatsbesuch in Peking dazu angehalten worden sein, die Organisation zu schließen. Die Vorwürfe der chinesischen Regierung aber zielen ins Leere. Die deutsche Regierung hat der Organisation nichts vorzuwerfen.

Peking beschuldigt den WUC zudem, hinter terroristischen Angriffen und Unruhen zu stecken. Als es im Sommer 2009 in Urumqi zu gewaltsamen Aufständen kam, machte Peking auch den WUC und dessen damalige Vorsitzende Rebiya Kadeer dafür verantwortlich. Die chinesische Botschaft warnte sogar Touristen davor, nach München zu reisen. Tatsächlich war es zu einem Brandanschlag auf das dortige chinesische Konsulat gekommen, bei dem aber niemand verletzt wurde.

Dabei positioniert sich der WUC recht eindeutig gegen Gewalt: »Wir lehnen jede Form von gewaltsamem Widerstand ab«, sagt Isa. »Verbindungen zu terroristischen Organisationen oder zum islamischen Fundamentalismus, wie Peking behauptet, gibt es nicht.« Der gelebte Islam in Ostturkestan sei immer ein liberaler gewesen. »Wir kannten nicht mal die Unterschiede zwischen schiitischem und sunnitischem Islam.« Dass, wie Isa mutmaßt, Peking in den 1990er und 2000er Jahren mit Absicht Studenten in islamische Länder wie den Iran, Ägypten und Saudi-Arabien geschickt habe, damit diese bei ihrer Rückkehr in Xinjiang religiöse Zwietracht säen, dürfte eher in das Reich der Verschwörungstheorien gehören. Tatsächlich aber hat die repressive Politik Pekings in den vergangenen Jahren den einen oder anderen jungen Uiguren in die Arme religiöser Extremisten getrieben.

Die vielleicht schillerndste Vorsitzende des WUC war Rebiya Kadeer, deren Leben Stoff für einen Spielfilm ist. Und tatsächlich wurde es 2015 in dem Film »10 Conditions of Love« porträtiert. Die Frau, die heute in der Öffentlichkeit meist in traditioneller uigurischer Kleidung auftritt, das Haar stets zu zwei Zöpfen geflochten, wurde 1946 in Atay, im Norden Xinjiangs, geboren. Ihr Vater war ein uigurischer Freiheitskämpfer, der während der kurzen zweiten Republik Ostturkestan gegen die Kuomintang-Regierung kämpfte. Zu dieser Zeit lebten nördlich des Tianshan-Gebirges fast ausschließlich Uiguren. »Mein Vater adoptierte mehrere Waisenkinder, sodass ich mit sieben Geschwistern aufwuchs«, erzählt sie. »Chinesen kannte ich nur aus Geschichten. Bis 1951 Soldaten kamen, und uns zwangen, unsere Heimat zu verlassen.«

Mit ihrer Mutter und ihrer Schwester zog sie nach Aksu und heiratete dort im Alter von 16 Jahren. Es war keine Liebesheirat. Noch heute erzählt sie unter Tränen, dass sie lieber ihre Schule beendet hätte. »Es war aber notwendig, um meine Familie zu retten«, sagt sie. In den folgenden Jahren wurde Kadeer Mutter von sechs Kindern. Gleichzeitig begann sie, Kleidung zu nähen und diese zu verkaufen. Dies brachte ihr Ärger mit den Roten Garden während der Kulturevolution ein. Man zwang ihren Ehemann zur Scheidung. Nach Ende der Kulturrevolution gründete Kadeer ein neues Kleinunternehmen: eine Wäscherei. 1981 lernte sie ihren zweiten Ehemann Sidik Haji Rouzi, ebenfalls ein uigurischer Dissident, kennen. Von ihm bekam Kadeer weitere fünf Kinder. Das Paar zog nach Urumqi, wo Kadeer ein Kaufhaus mit Geschäften für uigurische Kleidung gründete. Als nach dem Zerfall der Sowjetunion erstmals wieder die Grenzen der benachbarten Länder offen waren, konzentrierte sich Kadeer auf den Handel mit Textilien. Innerhalb weniger Jahre wurde Kadeer reich – sagenhaft reich. Mitte der 1990er Jahre galt sie als eine der fünf reichsten Personen Chinas. Die kommunistische Partei ernannte sie deswegen zum Mitglied und entsandte sie 1995 zu einer Tagung der Vereinten Nationen über Frauenrechte in Peking. Sie wurde stellvertretende Präsidentin der Handelskammer in Xinjiang und saß in mehreren Beratungsgremien der Partei. Kadeer engagierte sich auch ehrenamtlich für die von ihr gegründete Organisation »1000 Mütter«, die uigurischen Frauen dabei half, Unternehmen zu gründen.

Kadeer blieb nicht lange die Vorzeigefrau der kommunistischen Partei. 1996 floh ihr Ehemann in die USA. Er war mehrfach im Gefängnis gewesen, weil er gegen die Diskriminierung von Uiguren durch Han-Chinesen protestiert hatte. Kurz darauf wurde auch Kadeers Pass eingezogen. 1998 wurde sie schließlich aus der Partei ausgestoßen.

Ein Jahr später nahmen die Behörden Kadeer fest und beschuldigten sie, geheime Staatsdokumente weitergegeben zu haben. Sie verbrachte sechs Jahre im Gefängnis. »Die Zustände in dem chinesischen Gefängnis waren grauenhaft«, erzählt sie. Zwei Jahre hatte sie in einem dunklen Raum ohne Tageslicht verbracht. Anderen Gefangenen war es verboten, mit ihr zu sprechen. »Ich wurde aufgrund meiner Bekanntheit nie gefoltert, aber ich sah, wie andere uigurische Frauen gefoltert wurden.«

Kurz nachdem sie 2005 vorzeitig entlassen worden war, emigrierte sie zu ihrem Ehemann in die USA. Dort wurde sie Vorsitzende des Weltkongresses der Uiguren. Seitdem widmet die Frau ihre ganze Energie dem Freiheitsstreben des uigurischen Volkes. Mehrmals war sie für den Friedensnobelpreis nominiert. Heute fühlt sie sich in ihrem Kampf von Mahatma Ghandi inspiriert. Die Forderung nach Unabhängigkeit der Region vermeidet Kadeer, wohlwissend, dass dies unrealistisch wäre und auf wenig Unterstützung in der Weltgemeinschaft stößt. Sie spricht lieber vom Recht der Selbstbestimmung, das ohnehin den Uiguren in der chinesischen Verfassung versprochen ist.

Kadeer ist selbst in den USA nicht sicher. Mindestens ein Mordanschlag wurde auf sie verübt. Zudem leidet sie unter der Tatsache, dass ein Großteil ihrer Familie in Xinjiang lebt, viele davon in Lagern. Ihre jüngere Schwester verstarb kurz nach ihrer Entlassung aus einem Lager im Mai 2021.

Zu einem bizarren Videoauftritt zweier ihrer Enkelinnen kam es Anfang 2020. Reporter der nationalistischen chinesischen Zeitung *Global Times* filmten die zwei jungen Frauen, wie sie in einem Viertel Urumqis Luxusprodukte shoppten und von der rasanten wirtschaftlichen Entwicklung der Provinz schwärmten. »Meine Großmutter diffamiert Xinjiang«, sagt die junge Frau in dem Video. »Wir leben ein angenehmes Leben in Xinjiang und können internationale Produkte kaufen.« Auch ihr ältester Sohn taucht in dem Propagandavideo auf und versichert, alle Menschen können hier immer beten, wenn sie wollen. Es war nicht das erste Mal, dass die chinesische Regierung Familienangehörige benutzt, zwingt oder manipuliert, gegen sie auszusagen. Und die Videos fügen sich in eine größer angelegte Kampagne Pekings ein, das Xinjiang-Narrativ zu kontrollieren. In den ersten Monaten 2021 tauchten Hunderte Videos auf, in denen Uiguren in kurzen Clips erzählten, wie wunderbar das Leben in Xinjiang sei und das alles andere Lügen aus dem Ausland seien.

Rebiya Kadeer sagt zu den Videos: »Es ist das erste Mal seit Jahren, dass ich die Stimmen von Verwandten gehört habe. Ich habe in meinem Herzen über meine Kinder geweint. Sie wissen, dass sie nicht die Wahrheit sagen. Aber sie müssen sagen, was die chinesische Regierung von ihnen will.«

Zurück nach München: Peking wirft dem WUC außerdem vor, ein von den USA finanziertes Vehikel zu sein, um Unruhen in China zu stiften. Zitiert wird in dem besagten Artikel der *Global Times* auch immer wieder ein »Report« der amerikanischen Website The Grayzone. Deren Gründer Max Blumenthal gilt als Verschwörungstheoretiker mit guten Verbindungen zu den russischen Medienorganisationen Russia Today und Sputnik.

Kein Geheimnis ist, dass der WUC jährlich rund 500 000 US-Dollar vom National Endowment for Democracy (NED) erhält, einem amerikanischen Think Tank, der weltweit liberale Demokratien fördert. Der NED wiederum wird finanziert vom amerikanischen Außenministerium. Das Geld aber kommt nicht in Form eines Blankoschecks, sondern muss mit Projekten beantragt werden. Noch einmal rund derselbe Betrag, sagt Isa, stamme von Spenden der uigurischen Exil-Gemeinde.

Während die Wurzeln dieser Verbindung auf Radio Liberty und den Kalten Krieg zurückgehen, hat der WUC in den vergangenen Jahren an Wichtigkeit gewonnen. Seine Bedeutung steigt, weil die Spannungen zwischen dem Westen und China zunehmen. Verbindungen zu türkischen, rechtsnationalistischen Kreisen, die von einem türkischen Reich vom Bosporus zur Taklamakan träumen, mag es zu Zeiten von Isa Yusuf Alptekin gegeben haben – eine reale Bedrohung waren sie nie. Derzeit, sagt Isa, setzen sich in der Türkei nur die rechte Iyi-Partei und die bürgerliche CHP für die Belange der Uiguren ein. Erdogan und seine AKP betreiben seit Jahren eine chinafreundliche Politik. »Es ist absurd«, sagt Isa. »Denn bisher hat die Türkei von dieser Annäherung an Peking nichts. Die türkische Textilindustrie ist wegen billiger Importe aus China fast völlig zerstört worden. Die Importe aus China übersteigen die Exporte bei weitem. Wirtschaftlich sind deswegen keine Vorteile zu erkennen. Wahrscheinlich glaubt Erdogan, in Peking einen strategischen Partner gegen die USA zu gewinnen oder moderne Waffensysteme kaufen zu können.« Auch die rechtsnationalistische MHP unter ihrem Führer Bahceli schweige unter Druck Erdogans zu der uigurischen Sache. »Peking versucht seit Jahren, uns als terroristische Organisation zu verleumden, die gemeinsame Sache mit den Grauen Wölfen, al-Qaida und sonstigen Extremisten mache«, sagt Isa. »Das aber sind alles Lügen.«

Der Weltkongress der Uiguren ist mit Sicherheit keine terroristische Organisation, wie es die chinesische Regierung darstellt. Hin und wieder mag es schwierig sein, zwischen den verschiedenen Fraktionen in der uigurischen Diaspora, unter denen es auch radikale gibt, zu vermitteln und sie auf einen gemeinsamen Nenner zu bringen. Trotzdem ist klar: Der WUC mit seinem Präsidenten Dolkun Isa setzt sich für eine friedliche Lösung des Konflikts ein. Klare Zielsetzungen, was mit der Region langfristig geschehen soll, mögen fehlen. Aber dies ist angesichts der aktuellen Lage auch kaum möglich.

Was bleibt dem WUC also zu tun? Aufmerksamkeit für die Sache der Uiguren und die Menschenrechtsverletzungen in Xinjiang schaffen und die Weltgemeinschaft zu einem entschiedeneren Vorgehen gegen China aufzurufen. Konkreter geht es um den Boykott der Olympischen Spiele in Peking 2022 und um den Abbruch sämtlicher Wirtschaftsbeziehungen. Man kann sich leicht vorstellen, dass diese Forderungen besonders für viele Wirtschaftsvertreter komplett unrealistisch klingen. Isa aber appelliert gerade an die historische Verantwortung der Deutschen: »Zwischen 1933 und 1945 wussten die meisten Menschen nichts von der Existenz von Konzentrationslagern in Nazi-Deutschland. Heute aber ist das anders. China benutzt seine Macht, um westliche Demokratien zu manipulieren. Die Fakten aber sind mittlerweile gut belegt. Noch immer aber sind zahlreiche internationale Unternehmen in Xinjiang aktiv. Volkswagen betreibt zum Beispiel ein Werk in der Nähe von Urumqi. Wie kann man das rechtfertigen? In 20 Jahren wird China der mächtigste Staat der Welt sein: Wie wird diese Welt dann aussehen?«, sagt er.

Der WUC ist eines der wenigen Sprachrohre für die Belange des uigurischen Volkes. Dass viele Uiguren noch nie von der Organisation gehört haben dürften, schmälert seine Bedeutung nicht. Und dass dies so ist, liegt auch nicht am WUC, sondern an der chinesischen Regierung, die die Kommunikation nach und von Xinjiang nahezu völlig unterbunden hat.

Die vielleicht wichtigste Leistung des WUC in den vergangenen Jahren war die Etablierung des Uyghur Tribunals, zusammen mit Geoffrey Nice, dem Chefankläger von Slobodan Milosevic. Das in London ansässige Tribunal versucht anhand von Zeugenaussagen und der Auswertung von Daten, die zahlreichen Menschenrechtsverbrechens der KPCh in Xinjiang aufzuarbeiten. Die ersten Anhörungen fanden im Juni 2021 statt. Eine zweite Runde folgte im September desselben Jahres. Es ist die bisher umfangreichste Belegsammlung der Verbrechen.

WUC-Präsident Isa hat seit April 2017 keinen Kontakt mehr zu seiner Familie. Seine Mutter starb 2018 mit 78 Jahren in einem der Lager. Seine Schwester, erzählt Isa, wurde dazu gezwungen, ihn in einem Video auf Chinesisch als Verräter zu denunzieren. Im Mai 2021 wurde sein Bruder in Xinjiang zu lebenslanger Haft verurteilt. Vom Tod seines Vaters las er in der *Global Times,* ebenjener Zeitung, die dem WUC vorwirft, ein terroristisches Netzwerk zu sein.

Uyghur Tribunal IV

»Sie konnten ihre Gliedmaßen nicht wie normale Menschen bewegen. Sie sahen aus, als seien sie Tag und Nacht gefoltert worden.«

Qelbinur Sidik
Geboren 1969 in Urumqi, Xinjiang
Lehrerin

Qelbinur Sidik ist eine der wenigen Zeugen, die das Lagersystem aus einer anderen Perspektive schildern. Sie war mehrere Monate lang Lehrerin in einem Camp, beziehungsweise wurde dazu genötigt. Sidik ist Uigurin und das zeigt auch, dass längst nicht alle Wärter, Polizisten und Lehrer in dem Lagersystem Han-Chinesen sind. Diese Tatsache spielt eine Rolle, wenn es um die Bezeichnung »Genozid« geht.

Sidik hatte fast drei Jahrzehnte als Grundschullehrerin für Chinesisch in Urumqi gearbeitet. Im September 2016 erschienen mehrere chinesische Beamte in der Schule, um die Arbeit der Lehrer zu überprüfen. Als das neue Schuljahr Ende Februar 2017 begann, wurde sie ins Büro des Direktors gerufen, wo man ihr mitteilte, sie solle sich umgehend in einem Parteibüro im Bezirk Saybagh einfinden. Dort wiederum wurde ihr gesagt, dass sie von nun Analphabeten in chinesischer Sprache unterrichten solle. Eine wichtige Bedingung sei jedoch, dass sie niemandem davon erzähle, alles sei streng geheim. Sidik wollte zwar nicht, aber wagte nicht zu widersprechen. Ihre Tochter lebte zu dieser Zeit schon in den Niederlanden und studierte dort. Dass die Kader mehrmals nach ihr fragten, begriff Sidik als Drohung.

Am Morgen des 1. März 2017 brachte sie ein Polizeiauto zu einem vierstöckigen Gebäude, das von Mauern und Stacheldraht umgeben war. Daneben befand sich ein Militärlager. Sidik musste ihr Handy abgeben und sich registrieren lassen. Anschließend begann ihr Arbeitstag: Auf Geheiß einer Angestellten wurden die Zellen geöffnet und insgesamt 97 Gefangene betraten den Raum. Sidik nahm an einem Tisch Platz, im Hintergrund standen mehrere bewaffnete Sicherheitsleute, außerdem zählte sie acht Überwachungskameras. Die Menschen hatten keinen Namen, sie durften nur mit Nummern angesprochen werden. Sie alle trugen graue Pyjamas.

Sidik erzählt, ihr Unterricht dauerte vier Stunden, und angesichts des Zustands der Inhaftierten fiel ihr jede Minute sehr schwer. Zehn Tage vergingen so. Danach trafen nochmals wesentlich mehr Häftlinge ein, manche von ihnen keine 16 Jahre alt.

Sidik erzählt, dass es zudem Angestellte gab, deren Aufgabe es war, jede kleinste Verhaltensauffälligkeit der Gefangenen zu notieren. Analphabeten waren kaum unter den Insassen, laut Sidik handelte es sich vor allem um muslimische Geistliche.

Die hygienischen Zustände erschreckten Sidik: Die Gefangenen durften nur drei Mal am Tag die Toilette benutzen. Die Waschzeiten waren auf eine Minute begrenzt. Immer montags wurde den Gefangenen Blut abgenommen, es wurden Injektionen verabreicht und Pillen gegeben. Niemand wusste genau, was es damit auf sich hatte. Als Sidik zwei Schwestern fragte, antworteten diese, es seien Vitamine.

Sidik schildert, wie während dieser Wochen mehrere Menschen verschwanden, ins Krankenhaus eingeliefert wurden oder verstarben. Im Keller befand sich mehrere Räume für Verhöre, aus denen die Schreie von Gefolterten nach oben drangen.

»Alle Häftlinge waren gehirngewaschen«, erzählt Sidik. »Vielleicht von der Medizin oder den Injektionen. Man konnte den Schmerz spüren. Ich konnte diese Dinge weder meiner Familie noch meinen Freunden erzählen. Wir konnten nicht telefonieren. Wir mussten morgens unser Handy ausschalten und durften es erst am Abend wieder anschalten.« Anfangs erzählte sie noch ihrem Mann von den Ereignissen, bis dieser die Geschichten nicht mehr aushielt und sie bat, ihm nichts mehr zu erzählen.

Am 28. August 2017 endete Sidiks Arbeitsvertrag, und die Lehrerin freute sich, von nun an wieder in der »Urumqi City No. 24 Primary School« unterrichten zu können. Ihr Direktor lobte sie zunächst. Kurz darauf aber erfuhr sie, dass sie ab September in einem Lager für Frauen unterrichten müsse. Dieses Mal wurde Sidik in ein sechsstöckiges Gebäude gebracht. Auf jedem Stockwerk befanden sich ein eigener Sicherheitscheck, Zellen und Klassenzimmer. Ihr wurde aufgetragen, in jedem Stock eine Stunde zu unterrichten.

Der offensichtlichste Unterschied zum ersten Lager war: Sidik unterrichtete nun von einem Käfig aus, der zu ihrem eigenen Schutz dienen sollte. Sie schildert auch einen unglaublichen Gestank im gesamten Gebäude, da die Toiletten lediglich 20 Zentimeter große Löcher im Boden waren. Das Haus war überfüllt, zwischen 8000 und 9000 Frauen lebten hier, die allermeisten zwischen 18 und 40 Jahren alt. »Sie sahen sehr traurig und deprimiert aus. Ihre Schritte waren schwer, als hätten sie die Berge auf ihren Schultern. Sie konnten ihre Gliedmaßen nicht wie normale Menschen bewegen. Sie sahen aus, als seien sie Tag und Nacht gefoltert worden.«

Es dauert nicht lange, bis Sidik hier Geschichten über Massenvergewaltigungen und gleichzeitige Folter hört. Später fand sie heraus, »dass alle Frauen hier Spritzen bekommen, um den gesamten Menstruationszyklus zu stoppen. (...) Bei einigen Insassen traten Nebenwirkungen, wie schwere Blutungen, auf.«

Im Herbst 2017 fühlte sich Sidik immer unwohler. Sie ließ sich bis zum Anfang des neuen Jahres krankschreiben. Außerdem war eine chinesische Familie bei ihr einquartiert worden, die sie bekochen und bedienen sollte. Sidik erzählt, dass sie der Mann mehrfach sexuell belästigte. Es war auch zu dieser Zeit, als die Verhaftungen ihren Höhepunkt erreichten. Sidik hatte Angst davor, dass ihre Tochter zurückkehrte und dann womöglich in ein Lager gebracht würde. »Da ich meine Tochter nicht kontaktieren konnte und hörte, dass uigurische Kinder aus dem Ausland zurückgebracht wurden, dachte ich, dass ich besser sterben sollte, (...) als das zu erleben.«

Auch außerhalb der Lager war der Druck enorm. Viele Uiguren wurden genötigt, Videos aufzunehmen, in denen sie singen und lachen. »Das ist alles Lüge, das ist nur ein Spiel.« Als sie im Februar 2018 an ihre alte Schule zurückkehren wollte, wurde sie zunächst herabgestuft und dann dazu genötigt, in ihre Frühpensionierung einzuwilligen. Ab 2018 veränderte sich die Propaganda. Die Umerziehung gehe nun langsam zu Ende und die Leute könnten zurück zur Arbeit. Tatsache aber war, so Sidik, dass keiner die Lager gesund verließ.

Im Mai 2019, kurz vor ihrem 50. Geburtstag, wurde Sidik mitgeteilt, dass sie sich sterilisieren lassen müsse. Als sie die Bestätigung über ihre Sterilisierung vorlegte, bekam sie am 15. September 2019 ihren Reisepass zurück. Damit konnte sie das Land verlassen.

Zwischen den Stühlen – Diaspora in Istanbul

»Die Vorfälle in China sind nichts anderes als ein Völkermord. Es hat keinen Sinn, das anders zu interpretieren.«

Recep Tayip Erdogan, türkischer Ministerpräsident, 2009

Ömer Faruk ist ein ernster Mann mit gerade Körperhaltung und klarer Stimme. Es ist Mitte April 2021 und noch kühl in Istanbul. Um Geld zu sparen, sitzt Faruk in seinem ungeheizten Laden im Istanbuler Stadtteil Sefarkoy, in dem er uigurische Bücher und Kinderspielzeug verkauft. Das Geschäft mit den Büchern sei mehr Kulturarbeit, sagt er, um seinen Lebensunterhalt zu verdienen, betreibt er noch einen Gebrauchtwagenhandel.

Sefarkoy liegt weit im Westen der 16-Millionen-Metropole, noch hinter dem mittlerweile stillgelegten Atatürk-Flughafen. Von der Romantik des Bosporus ist hier nichts zu spüren. Die einzige architektonische Abwechslung unter den unzähligen Mietskasernen ist alle paar Hundert Meter eine Moschee. Die Stadtteile Sefarkoy und Zeytinburnu sind Heimat der uigurischen Exilgemeinde in Istanbul.

Faruk, 31, hat sich vorbereitet, er hat Bilder seiner Mutter im Rollstuhl und die Babyfotos von zweien seiner Töchter mitgebracht. Immer wieder macht er auf dem Kurznachrichtendienst Twitter auf seine Situation aufmerksam. 2012 war er von China mit seinem Vater auf Pilgerreise nach Mekka aufgebrochen. Sein Vater starb dort, Faruk blieb länger und lernte Arabisch. Er kehrte nach Xinjiang zurück, heiratete und wurde Vater von vier Töchtern, dann ging er wieder nach Saudi-Arabien, um zu arbeiten. 2016 erhielt er einen Anruf seiner Frau: Die chinesische Polizei sei gekommen, um ihre Pässe einzuziehen. Faruk riet seiner Frau, die Behörden hinzuhalten und einen Flug mit den älteren Kindern in die Türkei zu buchen. Die anderen beiden Töchter, sie waren damals ein und drei Jahre alt, blieben bei der Schwiegermutter zurück, und die wurde kurz darauf in ein Lager gebracht. Seitdem ist der Kontakt völlig abgerissen – wie auch zum Rest seiner Familie: »Meine Mutter und Geschwister löschten mich bei WeChat«, erzählt er. »Sie mussten das tun, um sich selbst nicht in Gefahr zu bringen. Ich gelte in China vermutlich als Terrorist.«

Faruk stammt aus einer verhältnismäßig wohlhabenden Familie. »Man bemerkte schon, dass sich so um das Jahr 2016 etwas veränderte. Uiguren mussten plötzlich eine Erlaubnis beantragen, wenn sie von einem Dorf ins nächste reisen wollten. Aber weil wir wohlhabend waren, betraf uns das nicht so.« Faruk zeigt Bilder von seinen Brüdern. Er erzählt, sie hätten in millionenschwere Bauprojekte investiert. Auch sie wurden verhaftet, in Lager gebracht und ihre Vermögen konfisziert. Faruks Geschichte ist typisch – fast jeder hier im Viertel kann eine ähnliche erzählen.

Rund 50 000 Uiguren leben in Istanbul – es ist die größte uigurische Diaspora weltweit. Nicht wenige sprechen von der Türkei als ihrer »zweiten Heimat«, und auch wenn alle froh sind, dem Horror in Xinjiang entkommen zu sein, ist ihr Leben in Istanbul kein leichtes. »Wir überleben, aber richtig gut geht es niemandem hier«, sagt er. Hinzu kommen psychische Probleme. Seine Stimme wird zum ersten Mal während des Gesprächs brüchig: »Ich bin reizbar, schlafe schlecht. Nur weil ich eine enge Beziehung zu Gott habe, denke ich nicht an Selbstmord. Meine Religion verbietet das. Meine Frau hat immer wieder psychische Zusammenbrüche. Auch das ist weit verbreitet in unserer Gemeinschaft.« Nahezu jeder hier, sagt Faruk, habe mindestens ein Familienmitglied, das in einem der Lager verschwunden ist. Der einzige Kontakt seit Jahren – wenn überhaupt – seien Nachrichten, die das Regime erzwungen habe. »Komm zurück«, heißt es darin. »Es geht uns hier gut.«

Die meisten der Uiguren in Istanbul waren schon gekommen, bevor der Albtraum begann. Aus der Ferne bekamen sie in Puzzlestücken mit, was in der Heimat geschah. »Mit Sicherheit weiß man nie, was mit Angehörigen passiert ist«, erzählt Müherrem Abitoglu, eine 57-jährige Frau. Über eine Art Netzwerk erfahre man manchmal etwas: »Irgendjemand kennt jemanden, der jemanden kennt, der dann eine Nachricht übermittelt.«

Ihr Türkisch ist kehlig, mit einem starken uigurischen Einschlag. In ihrem Geschäft verkauft sie allerlei Tand: glitzernde uigurische Kopfbedeckungen für Erwachsene und Kinder, Kopftücher in den Farben Ostturkestans, traditionell anmutende Kleider, die aber nach Plastik und Polyester schimmern. Abitoglu ging 2014 mit einer ihrer drei Töchter nach Ägypten, die dort Islamwissenschaft studierte. Ihr Mann besuchte sie 2016. Es war das letzte Mal, dass sie ihn sah. Als er nach Xinjiang zurückkehrte, brach der Kontakt ab. Später hörte sie, dass er verhaftet und zu zehn Jahren Gefängnis wegen Terrorismusvorwürfen verurteilt worden war. Auch ihre anderen beiden Töchter seien wohl in den Lagern. Von ihren Schwiegersöhnen heißt es, sie seien zu sechs Jahren Gefängnis verurteilt worden. Sie waren religiöse Lehrer, was sie für die Chinesen verdächtigt gemacht habe.

Eine zweite Heimat ist die Türkei für viele Uiguren aufgrund der engen Verwandtschaft der beiden Völker. Manche Gemeinsamkeiten mögen durch die Ideologie des Panturanismus, der Idee vom grenzübergreifenden Türkentum, das vom Bosporus bis zum Tarimbecken reiche, überhöht worden sein. Genau wie bei türkischen Nationalisten wird großzügig darüber hinweggesehen, dass das »Türkentum« mehr nationalistisches Konstrukt als eine historische Tatsache ist. Die heutige Türkei war und ist Heimat Dutzender Völker, von denen die meisten Muslime sind, aber nur eine Minderheit tatsächlich ihren genetischen Ursprung in Zentralasien hat. Es waren Staatsgründer Kemal Atatürk und dessen Nachfolger, die aus dem Völkergemisch Anatoliens und den Trümmern des Osmanischen Reichs eine Nation zimmerten – ignoriert und zum Teil auch verfolgt wurden dabei Griechen, Kurden, Armenier, Juden, assyrische Christen, Aleviten und zahlreiche andere Volksgruppen.

Trotzdem sind die Ähnlichkeiten zwischen Türken und Uiguren unverkennbar. Beide Völker praktizierten ursprünglich eine eher offene Variante des sunnitischen Islams, ihre Sprachen unterscheiden sich in etwa wie das Deutsche vom Niederländischen, auch Küche und Gebräuche ähneln sich. Zu Zeiten des Osmanischen Reiches verband die Seidenstraße die Oasenstädte Ostturkestans mit Istanbul. Außerdem lag der Sitz des Kalifen in Person des osmanischen Sultans auf der vorgeschriebenen Pilgerroute nach Mekka.

Viele uigurische Aktivisten und Freiheitskämpfer flohen deshalb nach der Machtergreifung der Kommunisten in China 1949 in die Türkei. Zu ihnen gehört der umstrittene Politiker Isa Yusuf Alptekin, von dem bereits die Rede war, zweifelsohne eine der wichtigsten Figuren uigurischer Autonomiebestrebungen. Er kam in den 1950ern in die Türkei.

Nach dem Zusammenbruch der Sowjetunion baute die Türkei ihren Einfluss in Zentralasien aus und versuchte, sich als Schutzmacht aller Turkvölker zu etablieren. Ankara stieß dabei aber bald auf wirtschaftliche Konkurrenz aus Moskau und Peking.

Eine zweite Auswanderungswelle in die Türkei folgte zwischen 2010 und 2016. Seit 2006 war es für die meisten Uiguren faktisch unmöglich geworden, einen Pass und damit eine Ausreisemöglichkeit aus China zu bekommen. Etwa ab 2010 entstand eine Art »Untergrund-Eisenbahn«, auf der rund 30 000 Uiguren vor allem die Oasenstädte südlich des Tarimbeckens verließen. Die Route verlief gewöhnlich über die chinesischen Provinzen Yunnan und Guangxi in südostasiatische Länder wie Thailand, Kambodscha und Malaysia (immer wieder wurden auch Gruppen festgenommen und nach China ausgeliefert, andere sitzen bis heute in Flüchtlingslagern fest). Fast alle dieser Flüchtlinge hatten als Endziel die Türkei. Laut chinesischen Angaben wurde der »Menschenschmuggler«-Ring 2014 gesprengt. 2015 aber – das war ungewöhnlich angesichts der Maßnahmen, die dann bald folgten – begannen die Behörden eingezogene Pässe zurückzugeben und sogar neue auszustellen. Viele nutzten die Gelegenheit und reisten ganz legal in die Türkei aus. Dies nahm allerdings ein jähes Ende, als Zhang Chuxian als Parteichef in Xinjiang abgesetzt und 2016 vom Hardliner Chen Quanguo ersetzt wurde.

Tatsächlich aber ist die Situation der Uiguren in der Türkei heute ambivalent: Für sie stark macht sich derzeit vor allem die nationalistische Iyi-Partei unter ihrer Chefin Meral Aksener. Die Regierungspartei AKP will es sich mit einem potenziellen strategischen Partner China nicht verscherzen. 2016 lieferte die Türkei den uigurischen Aktivisten Abdulkadir Yapcan an Peking aus. Er hatte seit 2001 in der Türkei gelebt. 2017 unterzeichnete Ankara mit Peking sogar ein Rückführungsabkommen, das aber bisher nicht vom türkischen Parlament ratifiziert worden ist. Noch hält dieser Schwebezustand an. Zu groß wäre sonst wahrscheinlich der Aufschrei nationalistischer Kreise im Parlament und in der Bevölkerung, die immerhin bis zu 15 Prozent der Wähler stellen und deren Einfluss weit in die säkulare CHP, die größte Oppositionspartei der Türkei, hineinreicht. Aber erst im September 2021 wurde dem WUC-Vositzenden Dolkun Isa die Einreise verweigert.

Mal mehr, mal weniger zaghaft protestieren die Uiguren in Istanbul. Im Stadtteil Tarabiya vor dem chinesischen Generalkonsulat finden regelmäßig Mahnwachen statt.

An einem kühlen Frühlingstag 2021 treffe ich auf dem Beyazid-Platz vor der Istanbul-Universität auf Kamran Aykol. Er ist einer von vielleicht 500 Demonstranten, die sich vor einem Halbkreis von Fotos und Collagen, die die Unterdrückung der Uiguren in China zeigen, versammelt haben. Viele von ihnen tragen Atemschutzmasken in der hellblauen Farbe Ostturkestans. Hinter den Bildern haben sich einige Männer aufgestellt, deren Gesicht komplett mit einer hellblauen Maske bedeckt ist. In einigen Metern Abstand warten rund 50 Istanbuler Polizisten in Kampfausrüstung. Doch die Demonstration bleibt friedlich.

Aykol ist ein junger, modisch gekleideter Uigure. Sein Vater schickte den heute 20-Jährigen vor vier Jahren in die Türkei. Nicht alles, was Aykol erzählt, mag stimmen. Überprüfen lässt es sich ohnehin nicht. Manches davon klingt wie ein Amalgam aus Wahrheit, Wunschdenken und Trauma.

Aykol will Schauspieler werden. Er besitzt ein Restaurant in Sefarkoy, arbeitet als Kellner, als Koch, als Übersetzer, will nach Hollywood: »Ich habe Talent, und soweit ich weiß, gibt es in Hollywood noch keinen uigurischen Schauspieler!« Zum Beweis zeigt er ein Video, das er mit einem Freund gedreht hat. Der ist ebenso modisch gekleidet wie er, spricht aber die gesamte Zeit über kein Wort. Das Video zeigt eine Folterszene, die er mit seinem Freund nachgestellt hat. Ein auf einem Stuhl gefesselter Junge wird von einem chinesischen Polizisten geschlagen, angeschrien und gezwungen, ein Dokument auf Chinesisch zu unterschreiben. Aykol will mehr solche Videos produzieren. Eine NGO soll sie bezahlen und vermarkten.

Aykol besuchte bei seiner Ankunft in Istanbul zunächst eine Madrasa, wo er Arabisch lernte und den Koran studierte. Kurze Zeit später wurde sein Vater verhaftet. Von 2017 bis 2019 hatten sie keinen Kontakt. Dann habe seine Familie ihn freigekauft. Mittlerweile telefoniert Aykol wieder mit ihm. Der Vater bittet ihn stets darum heimzukommen und seine Aktivitäten einzustellen. Aykol aber folgt den Aufforderungen nicht. »Anfang 2019 traf ich hier einen Mann, der in den Lagern die Zelle mit meinem Vater teilte. Er richtete mir aus, dass mein Vater mir rate, hier zu bleiben, und ich ihm während der Telefonate nicht glauben solle.«

Seinem Onkel, erzählt er, habe man im Gefängnis eine Niere entfernt. Gerüchte über den Organhandel in uigurischen Gefängnissen kursieren seit Jahren. Nur stichhaltige Beweise gibt es dafür bisher nicht. Seine Mutter sei von den Lagern verschont geblieben, da sie gute Verbindungen zu Parteikadern und außerdem Geld gezahlt habe. Zwei seiner Onkel aber hätten die Lager nicht überlebt. Derzeit schlägt Aykol sich mit Gelegenheitsjobs, Geldüberweisungen seiner

Familie und dem Dreh kleiner Videos durch. Mit vielen seiner Landsleute hat er nichts zu tun. »Sie sind sehr religiös«, sagt er. »Das ist anders als es in meiner Heimat war.«

Tatsächlich scheint in der uigurischen Diaspora in Istanbul der Islam eine größere Rolle zu spielen als zum Beispiel in München, wo der Weltkongress der Uiguren seinen Sitz hat. »Viele der Uiguren in der Türkei kamen über Länder wie Pakistan oder Ägypten, wo sie Islamwissenschaften studiert hatten«, erklärt Dolkun Isa, Präsident des Weltkongresses. Für die Exilvertretung der Uiguren sind friedliche, demokratische Wahlen in Xinjiang das Ziel. In der türkischen Diaspora dagegen mag so mancher vom islamischen Kalifat Ostturkestan träumen.

Hidayet Oguzkhan ist Präsident der religiösen Vereinigung Maarif. Er hat sein Büro in Zeytinburnu ein paar Kilometer östlich von Sefarkoy, aber noch immer am Rand des europäischen Teils von Istanbul. Das Viertel ist von Ledergerbern und Textilherstellern geprägt. Viele der Häuser haben im Keller einen kleinen Nähshop. Wegen der ständigen Nachfrage nach billigen Arbeitskräften zog Zeytinburnu immer viele Einwanderer an: Früher Kurden aus dem Osten Anatoliens, seit den 1990er Jahren viele Uiguren. Oguzkhan sitzt hinter einem riesigen Schreibtisch und ist auch ohne Voranmeldung für ein Gespräch bereit. An der Wand hängen mehrere hellblaue Flaggen Ostturkestans, ein Bild der Moschee in Kashgar und arabische Schriftzeichen, darunter die Zahl 1933 – eine Reminiszenz an die erste Republik Ostturkestan, die nur wenige Monate währte.

»Wir fordern die volle Unabhängigkeit Ostturkestans«, sagt er. Der Druck Pekings auf die Uiguren sei mit anderen Völkern nicht zu vergleichen: Seit 70 Jahren versuche die

KPCh, die uigurische Kultur vollständig auszurotten. Erst als man 2017 erkannt habe, dass dies nicht möglich sei, habe man sich entschlossen, mit äußerster Gewalt vorzugehen. Er erwähnt besonders die Tatsache, dass man nun Kader in uigurische Familien schleuse. »Damit führt man unser Prinzip der Gastfreundschaft ad absurdum. Man will, dass wir rote Linien überschreiten.«

Spionage und Druck seitens Peking gibt es, nur spezifizieren kann Oguzkhan das nicht. Er ist sicher, dass er und viele seiner Mitarbeiter überwacht werden. Erst kürzlich habe er zwei junge Mitarbeiter feuern müssen. »Der chinesische Geheimdienst spricht besonders junge Menschen an, und lockt sie mit Geld, aber vor allem mit der Möglichkeit, wieder mit ihren Familien kommunizieren zu können.«

Laut Oguzkhan ist die Gemeinde in den vergangenen vier Jahren nochmals stark angewachsen, als die repressive Politik Pekings in Xinjiang unerträglich wurde. »Damals forderte Peking viele Studenten im Ausland auf, wieder zurückzukehren, gleichzeitig entzog man ihnen die finanzielle Unterstützung«, erzählt er. Schnell aber sprach sich herum, was es wirklich damit auf sich hatte und viele Studenten emigrierten daraufhin in die Türkei.

Oguzkhan selbst hat seit vier Jahren keinen Kontakt mehr zu seiner Familie. Er hatte Seide und andere Materialien in Kashgar gehandelt, bevor er 2002 nach Punjab in Pakistan ging. »Die Restriktionen gegen uns nahmen ab 2001 zu, nachdem die USA den Krieg gegen den Terror verkündet hatten. Fortan galten wir für Peking potenziell als Terroristen.« Oguzkhan zog mit seiner Frau weiter nach Ägypten, von dort nach Jordanien, Syrien und schließlich in die Türkei. Über konkrete Forderungen der Vereinigung Maarif spricht Oguzkhan wenig, die Politik der AKP aber unterstütze er.

»Die Perspektive Maarifs ist religionsnah. Sie hält das westliche Modell, das auf Demokratie und Laizismus basiert, für völlig untauglich hinsichtlich der sozialen Ziele der muslimischen Uiguren. Ginge es nach Maarif, sollte die uigurische Identität auf islamischen Werten basieren«, schreibt der usbekische Forscher Akhmed Rahmanov auf dem Portal Novastan für Nachrichten aus Zentralasien, fügt aber hinzu: »Doch der Großteil der Gemeinschaft teilt diese Vorstellung nicht. Viele Intellektuelle, deren Ausbildung und Werdegang politisch laizistischen Werten nahestehen, verstehen es durchaus, sich stark von der salafistischen Idee zu distanzieren, die von Predigern verbreitet wird, welche am persischen Golf, in Ägypten oder auch durch die Islamische Turkestan-Partei verbreitet wurden.«

Tatsächlich dürften einige Diaspora-Uiguren in der Türkei in einen unheilvollen Zirkel geraten sein: Die traumatischen Erlebnisse in ihrer Heimat und die Entwurzelung in der Fremde schaffen einen Nährboden für einen radikaleren Islam, der in der uigurischen Kultur eigentlich nicht beheimatet ist. Dies wiederum ist im Sinne Pekings, das alle Autonomie-Bestrebungen als terroristisch-islamistisch brandmarken will, und so seine Unterdrückungspolitik rechtfertigt.

Allerdings gab und gibt es wohl noch immer uigurische Dschihadisten, die in Syrien kämpfen und sogar formell der Turkestan Independence Party (TIP) unterstehen. Sean Roberts schildert in seinem Buch »The War on the Uyghurs« die Begegnung mit einem Repräsentanten der Gruppe im Sommer 2019 in der Türkei. Dieser spricht von 30 000 Kämpfern. Der syrische Botschafter in China soll von 5000 Mann unter Waffen ausgehen und der israelische Geheimdienst von etwa 3000. Roberts vermutet, dass die Männer mit ihren Familien in Syrien sind und diese mitgezählt wurden.

Tatsache ist auch, dass in der heißen Phase des syrischen Bürgerkriegs mehrere dschihadistische Gruppen die syrisch-türkische Grenze passierten, und diese auch von der Türkei mit Waffen beliefert wurden. Im Kampf gegen die PKK und deren syrische Ableger war Ankara damals jedes Mittel recht. Andere sollen nach Syrien gelockt worden sein, wo ihnen Land, Essen, Kleidung und Ausbildung für ihre Kinder versprochen worden war. Einmal dort angekommen, blieb vielen wenig anderes übrig, als sich den Dschihadisten anzuschließen.

Präsident Erdogan, der sich sonst gerne als Schutzherr aller Muslime stilisiert, ist auffallend still gegenüber Peking. Das war nicht immer so: Als die KPCh 2009 einen Aufstand in Xinjiang brutal niederschlug, warf Erdogan Peking »eine Art Genozid« vor. Mittlerweile aber lockt die Volksrepublik Ankara immer wieder mit Krediten für Infrastrukturprojekte und Finanzhilfen für die angeschlagene Währung, während das Verhältnis zur Europäischen Union zerrüttet ist. Derzeit gibt es für Erdogans Schweigen Impfstoffe: 50 Millionen Dosen Sinovac und Sinopharm hat Ankara von Peking im Frühjahr 2021 erhalten. Über die Gegenleistung von türkischer Seite ist nichts bekannt. Vielleicht ist es auch um die Auslieferung der rund zwei Dutzend uigurischer Aktivisten gegangen, die derzeit in einem türkischen Gefängnis sitzen.

Hilfe dürfte sich Erdogan auch für seine massiv angeschlagene Währung erhoffen. Die türkische Lira hat seit 2015 zwei Drittel ihres Wertes verloren. Da das Land wesentlich mehr importiert als exportiert, führt der Währungsverlust immer auch zu steigenden Preisen im Land. Die Lira fällt, Importe werden dadurch teurer, die Unternehmen geben die Preise weiter. Der letzte große Rutsch geschah Ende 2020 und führte dazu, dass ein Euro rund zehn Lira wert ist. Nach der klassischen Ökonomielehre müsste die türkische Zentralbank gegensteuern, indem sie die Zinsen anhebt. Erdogan aber hängt einer etwas obskuren Lehre an, wonach hohe Zinsen die Inflation nicht bremsen, sondern sie erst verursachen. Zentralbankchefs, die ihm widersprechen, bleiben oft nicht lange im Amt. Was also bleibt Ankara, um die Währung einigermaßen stabil zu halten? Große Kapitalzuflüsse aus dem Ausland. Im Idealfall sind das Direktinvestitionen in Form von Fabriken und Infrastrukturprojekten, die zu mehr Wirtschaftswachstum führen, oder Touristen, die in der Türkei ihre Devisen ausgeben. Kurzfristig kann auch ein Geldgeschenk in Milliardenhöhe helfen, wie 2018, als Katar, einer der wenigen verbliebenden Verbündeten von Ankara, Erdogan mit 15 Milliarden US-Dollar aushalf, und damit die Lira kurzfristig stabilisierte.

Erdogan dürfte wie so oft lavieren, in der Hoffnung, das geostrategische Gewicht seines Landes ausspielen zu können. Noch kommen über 70 Prozent der Direktinvestitionen in der Türkei aus der EU. Die Zuflüsse und Investitionen, die Ankara von Peking erwartet, sind wesentlich geringer. Aber Pekings Einfluss wächst: Seit 2016 haben die beiden Staaten zehn bilaterale Abkommen unterzeichnet. Rund 1000 chinesische Unternehmen operieren in der Türkei. Die Investitionen sollen bis Ende 2021 auf sechs Milliarden Dollar verdoppelt werden. Das Magazin *Foreign Policy* glaubt im März 2021, dass Erdogan den Schwenk Richtung China längst vollzogen hat. Die Türkei sei nun ein autoritäres Land, und damit China viel näher als den liberalen Demokratien, zu denen es früher gehören wollte. Ob die Türkei wirklich den Schwenk Richtung Asien und autoritärer Regime vollzogen hat, ist fraglich. Wahrscheinlich ist es, dass Erdogan pragmatisch vorgeht und

Moral oder Ethik in seinen Überlegungen keine Rolle spielen. Fakt ist: Die Türkei braucht Geld und wird es von jedem nehmen, der es ihr anbietet, um den Verfall der Landeswährung aufzuhalten oder zumindest zu verlangsamen.

Ausschlaggebender als Erdogans geostrategisches Irrlichtern ist ohnehin die chinesische Bereitschaft, in die Türkei zu investieren. Pekings Politik im Rahmen der Neuen Seidenstraße ist es, großzügig Kredite an zentralasiatische Staaten zu verteilen, die damit ihre Infrastruktur aufbessern sollen. So können chinesische Exporte noch besser ihre Zielmärkte erreichen. Die Türkei ist wie Griechenland, Serbien und Ungarn ein Brückenkopf nach Westeuropa. Auch dass Peking im Juni 2020 türkischen Unternehmen »erlaubte«, ihre Forderungen in chinesischen Yuan zu begleichen, ist Teil des größeren Plans: Langfristig geht es darum, die Vormachtstellung des US-Dollars zu schwächen. Jeder direkte Zahlungsverkehr mit China, der nicht den Umweg über US-Dollar nimmt, ist ein Gewinn. Türkischen Unternehmen kam das Angebot inmitten der Währungskrise freilich gelegen.

Seit ein paar Jahren existiert eine neue Eisenbahnlinie, die Kars im Osten des Landes mit Georgien und vor allem Aserbaidschan am Kaspischen Meer verbindet. Von dort besteht Anschluss an das chinesische Transportnetzwerk, das sich mittlerweile über Zentralasien spannt. 2015 kaufte sich ein chinesisches Konsortium mit 65 Prozent in den Istanbuler Container-Hafen Kumport ein, und im Januar 2020 erwarben chinesische Unternehmen 51 Prozent der dritten Bosporus-Brücke, ein von Anfang an wegen seiner Rentabilität und Umweltschäden umstrittenes Prestige-Projekt Erdogans. Hinzu kommen weitere Investitionen in den Energiesektor, wo die größte Abhängigkeit des Landes vom Ausland besteht (insbesondere von Russland). Peking investierte 1,7

Milliarden Dollar in ein neues Kohlekraftwerk am Mittelmeer und soll dabei helfen, den dritten Nuklearreaktor des Landes zu bauen.

Auch Telekommunikationsanbieter wie Huawei und ZTE sind in der Türkei willkommen. Das wegen seiner Sicherheitslücken im Westen geschmähte Huawei hat hier einen Marktanteil von über 30 Prozent. Kooperationen gibt es auch auf militärischem Gebiet wie bei der türkischen »Bora-Rakete«.

Das chinesische Geld hilft Erdogan zu überleben. Ohne die Zahlungen aus Katar und Peking müsste Erdogan wohl den Internationalen Währungsfonds um Hilfe bitten. Der aber wird seine Hilfe nicht nur an wirtschaftliche, sondern auch politische Reformen koppeln. Zuletzt war dies 2001 der Fall gewesen. Die damalige Krise verhalf Erdogan an die Macht und der erwies sich, was heute kaum mehr vorstellbar ist, als Musterschüler des IWF. Jetzt nochmals den Fonds um Hilfe zu bitten aber wäre für Erdogan ein Eingeständnis von Schwäche. Und so wird er weiterhin zwischen EU und China, zwischen NATO und Russland und zwischen Asien und Europa taktieren, in der Hoffnung, für sich das Beste rausschlagen zu können.

Langfristig aber stellt sich die Frage, ob eine Hinwendung zu China der Türkei wirklich ökonomisch nutzt. Die Türkei gilt als Schwellenland, sie ist für westliche Unternehmen aufgrund ihrer geringen Lohnkosten attraktiv. Längst aber haben chinesische Billigprodukte die türkische Textilindustrie konkurrenzunfähig gemacht.

Die Uiguren in der Türkei sind letztlich Bauern in diesem Spiel zwischen Ankara und Peking. Es ist gut vorstellbar, dass Erdogan sie gegen noch mehr Investitionen und Kapital aus China preisgeben würde. Derzeit aber droht ihm zu viel Gegenwind aus der nationalistischen Wählerklientel, auf deren Stimmen er angewiesen ist.

Generell ist die islamische Welt auffallend still, was die Situation der Uiguren in China und die Menschenrechtsverletzungen Pekings betrifft. »Die meisten Regierungen in der islamischen Welt haben kein Interesse an dem Thema«, sagt der Menschenrechtsaktivist Adrian Zenz. »Die Uiguren betrachtet man als Randgruppe, auch weil sie dem synkretistischen Islam anhängen. Zudem setzt Peking viele Regierungen wirtschaftlich unter Druck.« Die Haltung Ankaras aber findet Zenz beschämend. »Erdogan will sich Peking als strategischen Partner offenhalten, nachdem er sich von den westlichen Demokratien immer weiter entfernt hat.«

Ömer Faruk und Kamran Aykol haben Glück: Sie haben mittlerweile die türkische Staatsbürgerschaft erhalten. Ausgeliefert werden können sie nicht mehr. Das schützt sie, aber nützt Faruk nichts, wenn es darum geht, seine beiden Töchter wiederzusehen. Vier Jahre ist es nun her. Nach den Recherchen von Adrian Zenz sind in dieser Zeit über 880 000 Kinder in Xinjiang in Waisenhäuser und Internate eingewiesen worden.

Uyghur Tribunal V

»Chinas Arm ist lang genug.«

Gulbahar Jelilova
Geboren 1964 in Almaty, Kasachstan
Textilhändlerin

Gulbahar Jelilova erhielt im Mai 2017 einen Telefonanruf. Es war die Tochter eines Geschäftspartners in Urumqi. Sie möge bitte umgehend nach China kommen – eine große Lieferung warte in der Provinzhauptstadt auf sie. Seit über 20 Jahren handelt Jelilova mit Stoffen aus China. Jelilova machte sich umgehend auf den Weg von Almaty über die Grenze nach China. In Urumqi angekommen, mietete sie sich ein Hotelzimmer. Am nächsten Morgen erschienen drei Polizeibeamte und baten sie, einige Fragen zu beantworten.

Die Beamten verlangten nach ihrem Pass und Handy, welche Jelilova ihnen aushändigte. Dann nahmen sie die Frau mit auf die Polizeistation und verhörten sie bis zum Mittag. Um 13 Uhr brachte man sie in einen Verhörraum im Keller. Die Polizisten setzen die Frau auf einen »Tiger Chair«.

Als Kasachin spricht Jeliova kaum Chinesisch, weshalb ein Übersetzer herbeigerufen wurde. Die Beamten durchsuchten ihr Smartphone, fragten, ob und wie oft sie bete und ob sie jemals in der Türkei gewesen sei. Als Jelilova antwortete, dass sie in einem freien Land lebe und es niemanden etwas anginge, was sie tat oder nicht tat, schlug ein Beamter mit einer Eisenstange auf sie ein. Man forderte sie auf, ein Dokument auf Chinesisch zu unterschreiben. Da Jelilova dessen Inhalt nicht verstand, weigerte sie sich. Die Polizisten unterstellten ihr, 17000 Yuan (rund 2000 Euro) an eine türkische Organisation namens Nur überwiesen zu haben. Am Ende des Tages teilte man ihr mit, sie sei wegen Terrorverdachts festgenommen. Jelilova musste gelbe Häftlingskleidung anziehen und ihr wurden Handschellen angelegt. Dann brachte man sie in das Frauengefängnis »Sankan«. Dort angekommen, konfiszierte man ihren kasachischen Pass und gab ihr einen chinesischen Ausweis. Sie musste eine Urin-Probe abgeben, anschließend wurde ihr Blut entnommen. Der gesamte Ablauf wurde mehrfach mit der Kamera festgehalten. Anschließend brachten Beamte die Frau in Zelle 704.

Jelilova sollte ein Jahr und drei Monate und zehn Tage in dem Lager verbringen.

Der Raum war schmal und eng. Frauen lagen dort teils übereinander, weil nicht genug Platz für alle war. Insgesamt, schildert Jelilova, waren in der Zelle 30 Frauen zwischen 14 und 80 Jahren untergebracht. Der Raum war etwa 20 Quadratmeter groß. Nachts wechselte man sich ab, wer stehen oder liegen konnte. Ein Gang zur Toilette war nicht möglich. Vier Kameras filmten die Insassen Tag und Nacht.

Um 5.30 Uhr weckten Sirenen die Häftlinge. Wer nicht sofort aufstand, den schlugen die Wächter. Die Frauen mussten sich jetzt bis acht Uhr morgens mit dem Gesicht zur Wand setzen. Dann erhielt jede von ihnen wenige Minuten Zeit, um sich zu waschen. Duschen war nur alle ein bis zwei Wochen erlaubt. Um neun Uhr gab es Frühstück – eine dünne, kaum essbare Maissuppe und ein Stück Brot. Während all dieser Zeit war es den Häftlingen untersagt, miteinander zu sprechen. Um 9.20 Uhr mussten die Frauen die chinesische Nationalhymne und patriotische Lieder singen. Um zehn Uhr folgten eine zweistündige Inspektion und Verhöre aller Zelleninsassen.

Ein- oder zweimal wöchentlich wurden den Frauen Medikamente verabreicht. Um was es sich handelte, erfuhren sie nicht. Jelilova erzählt, dass bei allen Frauen danach die Monatsblutung aussetzte. Außerdem führten die Medikamente zu Konzentrationsstörungen, Schwindel und einem Gefühl der Desorientierung.

Die Mahlzeiten bestanden aus dünner Suppe, Reis und Hefeklößen. Als einmal die Hefeklöße (»Baozi«) noch gefroren waren, baten die Frauen um neue. Die Wärter kürzten daraufhin die Rationen für eine Woche.

Viele Häftlinge hielten dem Druck nicht stand. Immer wieder kam es zu Zusammenbrüchen, manche Frauen hämmerten ihren Kopf gegen die Wand oder beschmierten die Wände mit Fäkalien. Jelilova erzählt von einer Frau, deren Schwester in Ägypten ein Kind bekommen hatte. Weil sie sie dort zwei Monate besucht hatte, wurde die 25-Jährige besonders oft verhört. Die Wärter schlugen sie auf den Kopf und brachten sie in die Zelle zurück, befahlen den anderen, sie weder zu trösten noch zu berühren. Die Frau hatte irgendwann offene Wunden und Entzündungen am Kopf. Nach einiger Zeit wurde sie aus der Zelle genommen und verschwand.

Vielen wurden während der Verhöre die Fingernägel entfernt. Andere wurden in die »Dunkelzelle« gebracht, einen ein mal ein Meter großen Käfig, in dem man weder stehen noch liegen konnte. Brot und Wasser wurden durch die Gitterstäbe gereicht. Viele der Frauen hatten erst vor wenigen Tagen ein Kind zur Welt gebracht. Sie wussten nicht, was mit ihren Kindern geschehen war. Damit keine Beziehungen unter den Gefangenen entstanden, rotierten die Frauen. Jelilova musste alle fünf Tage die Zelle wechseln.

»Ich weinte die ersten drei Monate täglich«, erzählt Jelilova. »Ich hatte mein Todesurteil akzeptiert, ich wollte sterben.«

Nach drei Monaten kam Jelilova in den Keller, wo sie 24 Stunden lang am Stück verhört wurde. Die Polizisten wechselten sich alle zwei Stunden ab. Sie wurde mit Eisenstangen und Elektroschocks malträtiert. Jelilova wurde mehrfach vergewaltigt und anschließend in ein Krankenhaus gebracht, das sich von einem Gefängnis kaum unterschied.

Im September 2018 wurde Jelilova entlassen. Man zwang sie, mehrere Dokumente zu unterschreiben, deren Inhalte sie nicht kannte. Man warnte sie außerdem, über die Camps zu sprechen, denn der »Arm Chinas sei lang genug«. Sie fuhr zurück nach Kasachstan und sah dort ihre Familie wieder.

Die Machtpolitik Xi Jinpings und die Folgen für die Uiguren

»Die Welt durchläuft tiefgreifende Veränderungen,
die in einem Jahrhundert nicht gesehen wurden,
aber Zeit und Situation sind zu unseren Gunsten.«

Xi Jinping, 2021

Die Botschaften und Narrative, die die KPCh heute in die Welt aussendet, sind raffiniert und auf westliche Gesellschaften zugeschnitten: Das Virus stammt aus China? Hinter dieser Behauptung stecke Rassismus, so die staatlichen Propagandaorgane. China strebt nach Weltmacht? Nein, Peking wolle Frieden in einer multipolaren Welt. China hat die Demokratiebewegung in Hongkong zerschlagen? Man habe doch nur die schweigende Mehrheit vor Krawallmachern und Unruhestiftern geschützt. In Xinjiang werden Millionen von Menschen in Arbeitslager gepfercht? Aus der Provinz dürfe kein zweites Syrien werden, radikale Elemente müssten deswegen umerzogen werden.

Um hinter die Logik dieses Denksystems zu kommen, ist es notwendig, sich die Lebensgeschichte des chinesischen Präsidenten und dessen Machtpolitik genauer anzuschauen.

Gern präsentiert sich Xi Jinping als gütiger Landesvater und besonnener Diplomat. Wer ihm allerdings Ähnlichkeiten mit der Kinderbuchfigur Pu der Bär unterstellt, lebt in China gefährlich. 2013 postete jemand auf Twitter ein Bild, das Xi Jinping und den damaligen US-Präsidenten Barack Obama zeigte. Direkt daneben wurde ein Bild von Pu der Bär und Tigger gestellt. Tatsächlich weisen die beiden Staatsmänner und die gezeichneten Figuren eine frappierende Ähnlichkeit auf. Nun standen Chinas Machthaber noch nie im Ruf, besonders humorvoll zu sein. Doch mit Xi Jinping steht seit 2013 ein Mann an der Spitze, der das Land zwar lächelnd, aber mit eiserner Faust führt – und sei es gegen einen harmlosen Bären »von geringem Verstand«. Seit 2017 findet sich also der Bär auf der schwarzen Liste von Chinas Zensurbehörden, und als 2018 der Disney-Film »Christopher Robin«, wo es um die Erfindung von Pu der Bär geht, in die Kinos kam, durfte er im Land nicht gezeigt werden. Wer heute ein Pu-Bild in einer WeChat-Gruppe, dem chinesischen Pendant zu WhatsApp, postet, riskiert, dass die Gruppe bald geschlossen wird. Tatsache ist, dass seit dem Tode Mao Zedongs 1976 noch nie ein Führer in China so viel Macht auf sich vereint hat, und einige sagen, Xi übertreffe dabei sogar den Revolutionsführer.

Wer nicht gerade Sinologie studiert oder längere Zeit in China verbracht hat, wird schon Probleme haben, seinen Namen korrekt auszusprechen. Im Gegensatz zu US-Präsidenten hört und sieht man vom chinesischen Staatsführer reichlich wenig. Und tatsächlich war Xi, gesprochen »Chi Dschinping«, selbst vielen Chinesen vor seiner Machtübernahme vor allem aus einem Grund bekannt: seiner Frau. Die nämlich ist eine berühmte Schauspielerin. Das chinesische Internet kann, wenn es die Zensoren denn zulassen, witzig, geistreich und subversiv sein. »Wer ist Xi Jinping?«, fragten also 2012 viele Netz-User. »Der Mann von Peng Liyuan!«, lautete die Antwort.

Die Tatsache, dass Xis Frau – die beiden sind seit 1986 ein Paar – als Sängerin und Schauspielerin schon vor ihrem Mann berühmt war, ist allerdings der einzige Glamour-Faktor in

Xis Leben. Der chinesische Präsident ist vor allem eines: ein Mann der kommunistischen Partei Chinas. »Ich glaube, dass Xi China zu einer prosperierenden, effizienten und gerechten Gesellschaft machen will«, sagt Chen Guodong, Dozent und Magazin-Autor. »Xi glaubt, dass ein Ein-Parteien-System dafür am besten geeignet ist – das Beispiel Singapur beweist das.« Tatsächlich ist der autoritär geführte, aber ökonomisch erfolgreiche Stadtstaat so etwas wie die Blaupause für Xis China. Lee Kuan Yew, der inzwischen verstorbene Staatsgründer Singapurs, bezeichnete Xi Jinping einmal als »eine Person mit enormer emotionaler Stabilität«, der »Eisen in seiner Seele« habe. Das liege vor allem an Xis Herkunft.

Wie viele Chinesen seiner Generation, wurde Xi, geboren 1953, von den Grausamkeiten der Kulturrevolution geprägt. Um seinen eigenen Machterhalt zu sichern, zettelte Mao Zedong 1966 eine Revolution der Revolution an. Zahlreiche Familien wurden während der Kulturrevolution auf das Land verschickt, um dort körperliche Arbeit zu verrichten. Auch Xis Vater, der ein Revolutionär der ersten Generation gewesen war, fiel in Ungnade. Xi verbrachte seine Jugend in der Provinz Shaanxi in Zentralchina, wo er in einer Höhle lebte und Landarbeit verrichtete. 1974 trat er der Partei bei, und man kann daraus den Schluss ziehen, dass er es als seine einzige Überlebenschance sah, sich voll und ganz dieser Organisation zu widmen. Xi kletterte ab den 2000er Jahren in der Parteihierarchie nach oben, wurde Gouverneur der Provinz Fujian, später von Zhejiang und Parteichef von Shanghai. Schließlich galt er ab 2008 als Top-Kandidat für die Nachfolge des damaligen Präsidenten Hu Jintao.

Seine Machtübernahme 2012 begann mit einem Thriller. Denn mit Xi war Bo Xilai, der Parteisekretär der südwestchinesischen Metropole Chongqing, Favorit für das höchste Amt

Chinas gewesen. Bo galt als Charismatiker (und besonders gutaussehend), und hatte sich den Ruf erworben, effektiv gegen Korruption vorzugehen. Er war beim Volk beliebt. Ende November 2011 aber wird ein britischer Staatsbürger tot in einem Hotelzimmer in Chongqing aufgefunden, die Todesursache bleibt ungeklärt. Im Februar 2012 desertiert einer der engsten Mitarbeiter Bos, flüchtet ins US-amerikanische Konsulat in Chengdu und behauptet, Bo Xilai und seine Frau hätten den Briten getötet. Auf Wirken von Wen Jiabao und Xi Jinping wird Bo all seiner Ämter enthoben. Ein Jahr später wird ihm der Prozess wegen Mordes gemacht und er wird zu lebenslanger Haft verurteilt. Der Weg für Xi ist frei.

Dass hinter dem Krimi vor allem Flügelkämpfe der kommunistischen Partei stecken, dass maoistische Fraktionen gegen reformorientierte Kräfte kämpften, davon gehen die meisten Beobachter aus. Sicher weiß es niemand, denn die Partei mit 90 Millionen Mitgliedern ist ein opakes Bürokratie-Monstrum, aus dem nur wenige Informationen nach außen dringen. Gewiss aber ist: Xi ist es in kürzester Zeit gelungen, dieses Ungeheuer zu beherrschen und voll auf sich auszurichten.

»Xi hat in den vergangenen Jahren immer mehr Macht auf seine Person vereint, indem er formell-strukturelle Veränderungen herbeigeführt hat – sowohl im Militär wie in den Medien als auch in der Partei«, sagt Nis Grünberg vom China-Forschungsinstitut MERICS in Berlin. 2013 überzog Xi das Land mit einer Antikorruptionskampagne, um dekadente Kader wieder auf Spur zu bringen. Dazu zählte auch, dass bei offiziellen Parteiessen nur noch vier Gerichte plus eine Suppe bestellt werden durften.

Xi verringerte die Zahl der Mitglieder des ständigen Parteiausschusses von neun auf sieben (und erhöhte damit die

Zahl der aus seinem Lager), und machte sich zum Vorsitzenden der Militärkommission und damit zum obersten Führer der Streitkräfte. Die Zensur und Kontrolle des Internets haben seit seinem Amtsantritt enorm zugenommen. Vor allem aber schaffte er die Begrenzung seiner Amtszeit ab: Vor ihm konnte ein chinesischer Präsident maximal zwei Perioden von jeweils fünf Jahren im Amt bleiben.

Und doch hinkt der Vergleich mit Mao. Während der eher ein Zerstörer von Institutionen war, ist Xi ein Mann des Systems. »Xi ist ein Institutionsfetischist. Er glaubt an den Aufbau von festen Strukturen und Organisationen«, sagt Grünberg. Die persönliche Machtfülle und der Glaube an die Macht der Institution seien in China kein Widerspruch: »Der Idealtyp der chinesischen Staatsinstitution sieht heute anders aus als in westlichen Demokratien. Es gibt keine Gewaltenteilung. Macht wird nur von oben nach unten transferiert. Xi geht davon aus, dass eine starke Parteiführung notwendig ist, um das Land nach vorne zu bringen. Dieses straffe Machtdenken ist sowohl von marxistischer Ideologie als auch von alt-chinesischen, konfuzianischen Traditionen geprägt. Es geht ihm eher um eine Renaissance. Er will China zu alter Größe zurückzuführen«, sagt Grünberg. Die kommunistische Partei habe unter Xi an Selbstbewusstsein hinsichtlich ihrer Führungsrolle und Deutungshoheit gewonnen.

Eine Idee davon, wie der mächtigste Mann der zweitgrößten Volkswirtschaft denkt, bekommt man, wenn man einen Blick in sein zweibändiges Werk »China regieren« wirft. Es ist ein unlesbares Buch. Wer es trotzdem versucht, findet dort Satzmonster, die direkt aus der marxistischen Sprachhölle entsprungen sind: »Der chinesische Sozialismus ist reiner Sozialismus und kein anderes System. Die Grundprinzipien des wissenschaftlichen Sozialismus dürfen nicht aufgegeben werden, sonst können wir nicht mehr vom Sozialismus sprechen.« Oder: »Zur Verwirklichung des chinesischen Traums muss das Nationalgefühl gefördert werden. Dies ist ein Nationalgefühl mit patriotischem Kern und ein Zeitgeist mit einem Kern aus Reform und Innovation.«

Doch finden sich in dem Buch alle Themen, die Xi seit seiner Amtsübernahme 2013 in Angriff genommen hat: Chinas Wirtschaft wächst, und es ist nicht mehr die Werkbank der Welt. Die Volksrepublik ist auf dem Weg zu einer Hightech-Ökonomie und gleichzeitig der wertvollste Markt der Welt. China tritt außenpolitisch lauter, wenn nicht aggressiver auf: Hongkong und Taiwan seien integrale Bestandteile Chinas. Inseln im südchinesischen Meer beansprucht Peking vehement für sich. Mit der Neuen Seidenstraße will Peking Fußspuren in ganz Eurasien hinterlassen. Dazu gehört auch eine strenge Internet-Zensur und ein sich im Aufbau befindendes Hightech-Überwachungssystem. China unter Xi soll außenpolitisch stark und innenpolitisch homogen sein.

Angeblich soll Xi auf einer Reise in die Provinz Xinjiang erstaunt und verärgert darüber gewesen sein, dass die Uiguren nach bald 70 Jahren noch immer eine eigenständige Kultur und Sprache besäßen. Autonomie oder überhaupt irgendeine Form von Andersartigkeit ist in seinem Denksystem eine Bedrohung.

»Jeder muss auf Linie sein. Wenn Leute aufgrund ihrer Religion oder Geschichte anders denken oder handeln, muss man die Leute umerziehen. Sobald man einer Gruppe nur etwas Autonomie gibt, fordert das die nächste auf und das Land zerfällt. Das ist die Angst«, sagt Adrian Geiges, ehemaliger China-Korrespondent des *Stern* und Autor einer Biographie über Xi Jinping. Und diese Angst war ja um 2010 nicht vollkommen unbegründet: »In den vergangenen Jahren ist es in

Xinjiang immer wieder zu Terroranschlägen und gewaltsamen Aufständen gekommen. Die Bodenschätze der Region, die geopolitische Lage der Provinz und der Aufbau der Neuen Seidenstraße machen die Provinz für Xi unverzichtbar.«

Eine Erklärung für die unglaubliche Brutalität der Ereignisse in Xinjiang ist das natürlich nicht. Wie bei so vielem, was innerhalb der KPCh vor sich geht, können wir nur vermuten, deuten, mögliche Perspektiven aufzeigen – und Konsequenzen für unser eigenes Handeln ziehen.

Das alles garniert Xi mit einem Personenkult um sich selbst, der eher an seinen irren Nachbarn in Nordkorea erinnert als an einen Staatenlenker des 21. Jahrhunderts. Parteimitglieder sind dazu angehalten, auf ihrem Smartphone eine App zu installieren, die täglich Gedanken und Sprüche Xis lobpreist. Die App überwacht auch die Lesezeit des Users. Es gibt Lieder, deren Titel lautet: »Wenn du heiraten möchtest, dann heirate jemanden wie Onkel Xi«. Es gibt Tassen, Teller und Talismänner mit Xis Gesicht. Und die Höhle, in der er einst lebte, ist heute ein Wallfahrtsort für kommunistische Jugendgruppen. Eine Comicfigur wie Pu der Bär stört in diesem Konzept natürlich.

Wie fest Xi im Sattel sitzt, ist dennoch ungewiss. Auch China wird sich der globalen Rezession nicht entziehen können. Zu sehr ist die chinesische Wirtschaft mit der Welt verflochten. »Zwar kennt niemand die Elitenstrukturen innerhalb der Partei genau«, sagt Grünberg. »Xi aber ist darauf angewiesen, die Wünsche der ökonomischen Eliten nicht zu kurz kommen zu lassen.« Seit den 1980er Jahren kennt die chinesische Gesellschaft nur einen rapiden wirtschaftlichen Aufschwung. Niemand weiß, wie das Volk reagiert, wenn dieser ausbleibt. Die durch die Pandemiemaßnahmen ausgelöste Wirtschaftskrise trifft auch China. Tatsächlich haben sich die aggressive Rhetorik der chinesischen Regierung gegenüber den USA und die Drohungen in Richtung Taiwan verschärft.

Uyghur Tribunal VI

»Du hast Glück gehabt,
dass dies kein echter Prozess war.«

Gulbahar Haitiwaji
Geboren 1966 in Urumqi, Xinjiang
Ingenieurin

2006 emigrierte Gulbahar Haitiwaji mit ihrem Mann und ihrer Tochter nach Frankreich. Ihr Mann hatte dort Asyl beantragt. Sie lebte bereits über zehn Jahre in Frankreich, als sie 2016 eine Nachricht aus China erhielt. Sie möge sich doch bitte in Urumqi einfinden, es gehe um ihre Pension. Haitiwaji ahnte nichts Schlimmes, buchte einen Flug nach China und kam am 30. November 2016 in Urumqi an. Auf der Polizeistation wurden ihr zu ihrer Überraschung als Erstes ihr Pass und ihre Wertsachen abgenommen. Danach wurde sie zu ihrem Mann und dessen Asylantrag in Frankreich befragt. Haitiwaji beantwortete alle Fragen und nach 15 Minuten dachte sie, die Befragung sei nun zu Ende. »Das ist erst der Anfang«, erwiderten die Beamten und zeigten ihr ein Foto ihrer Tochter, die auf einer Demonstration in Frankreich eine Flagge Ostturkestans in der Hand hielt. Haitiwaji sagte, sie hätte ihrer Tochter dringend davon abgeraten, auf Demonstrationen zu gehen. Am Ende des Tages durfte sie die Polizeistation verlassen und fand sich bei Verwandten ein. Zwei Monate später, am 29. Januar 2017, erhielt sie die Nachricht, sie könne ihren Pass nun abholen.

Doch als sie auf der Polizeistation eintraf, wurde sie verhaftet und zunächst in ein Krankenhaus gebracht, wo man ihr Blut abnahm und eine Urinprobe verlangte. Es wurden Fotos von ihr gemacht und Fingerabdrücke genommen. Anschließend forderte man sie auf, ein Dokument zu unterzeichnen, das besagte, sie hätte die soziale Ordnung gefährdet. Haitiwaji weigerte sich zunächst, unterschrieb aber nach Drohungen und Schlägen schließlich doch. Damit begann ein zweijähriger Albtraum. Die nächsten Monate verbrachte Haitiwaji in einem Gefängnis, bis sie am 5. Juni 2017 in ein Konzentrationslager gebracht wurde.

Sie berichtet von einem harten körperlichen Training, dem sich alle Gefangenen unterziehen mussten. Da manche an die 70 Jahre alt waren, wurden immer wieder welche ohnmächtig oder starben. Außerdem mussten sie chinesische Schriftzeichen und patriotische Lieder auswendig lernen. »Zuerst hatten wir Angst, wenn unsere Zellengenossen ohnmächtig oder krank wurden und man sie weggebrachte, aber mit der Zeit gewöhnten wir uns daran«, erzählt sie dem Tribunal. Anfangs konnte sie sich auch noch mit anderen Häftlingen unterhalten. Im Oktober 2017 wurde dies aber strikt untersagt. Uigurisch zu sprechen, war ohnehin verboten. Ein Jahr später wurde Haitiwaji in ein neues Lager gebracht, wo ein Schauprozess stattfinden sollte.

»Mein Prozess fand am 22. oder 23. November 2018 statt, soweit ich mich erinnere. Ich wurde zusammen mit drei anderen Frauen in einen Gerichtssaal gebracht. (...) In einer Halle saßen die ›Richter‹ ohne richtige Gerichtskleidung, daneben ein Staatsanwalt. Verteidiger waren nicht zugelassen. (...) Hinter mir saßen meine Schwester und zwei Leute vom Nachbarschaftskomitee in Karamay. Die Frau vor mir wurde zu drei, ich zu sieben Jahren Haft verurteilt. (...) Mir wurde auch vorgeworfen, meine Wohnung verkauft und mich gegenüber meinem Vaterland nicht loyal verhalten zu haben. Außerdem hätte meine Tochter an einer antichinesischen Demonstration teilgenommen. Ich hatte zwei Minuten Zeit, um mich zu verteidigen.«

Am Ende wurde ihr mitgeteilt, dass dies kein echter Prozess gewesen sei, und sie deswegen Glück gehabt habe. Wenn sie sich gut führe, könne sie viel früher entlassen werden.

Haitiwaji blieb noch mehrere Monate in dem Lager und wurde immer wieder verhört. Anfang 2019 zwang man sie, ein Video aufzunehmen, in dem sie die Exilantin und Dissidentin Rebiya Kadeer als Lügnerin beschuldigen und außerdem erzählen musste, wie großartig China und wie glücklich die Uiguren seien. Haitiwaji schämte sich für dieses Video und konnte tagelange nicht schlafen, obwohl man ihr anschließend eine Einzelzelle und besseres Essen gab.

Anfang 2019 wurde sie schließlich entlassen, aber verbrachte noch mehrere Monate unter Hausarrest. Am 18. März 2019 durfte sie erstmals ihre Familie in Frankreich kontaktieren. Zwei Polizistinnen achteten allerdings darauf, dass sie die Fragen in ihrem Sinne beantwortete. Außerdem musste sie ihrem Mann und ihrer Tochter sagen, sie sollten alle chinakritischen Inhalte von Facebook und Twitter löschen. In den folgenden Monaten konnte sich Haitiwaji nur eingeschränkt bewegen, sie wurde überall von Beamten überwacht. Erst am 21. August 2019, fast drei Jahre nach ihrer Verhaftung, flog sie zurück nach Frankreich.

Warum Xinjiang? Die geopolitische Bedeutung der Region für Peking

»Die Neue Seidenstraße ist eine geostrategische Jahrhundertidee, mit der China seine Ordnungsvorstellungen und Machtprojektion durchzusetzen entschlossen ist.«

Sigmar Gabriel, 2018

»Seidenstraße« ist der wohlklingende Name für ein uraltes Handelsnetzwerk, das China mit Europa verband. Ihren Namen hat sie, weil Seidenraupen jahrhundertelang nur in China gezüchtet werden konnten (und weil der deutsche Kartograph Ferdinand von Richthofen sie 1877 so nannte). Die chinesischen Kaiser hüteten das Wissen um die Herstellung des kostbaren Materials wie ein Staatsgeheimnis. Schon zu Zeiten des Römischen Reichs wanderten Karawanen vom zentralchinesischen Xian über das Tarimbecken, durch das heutige Afghanistan und den Iran in Richtung Mittelmeer. Zwar gelang es im 6. Jahrhundert byzantinischen Mönchen, ein paar der begehrten Raupen aus China nach Konstantinopel zu schmuggeln und so das chinesische Monopol zu brechen, Seide aber blieb das Hauptexportgut der chinesischen Kaiserreiche über Jahrhunderte hinweg. Im Gegenzug gelangten vor allem Gold und Silber, aber auch Purpur und Glas nach China. Neben Waren wanderten aber auch Gedanken über die Seidenstraße in beide Richtungen. So breitete sich zunächst der Buddhismus von Indien kommend in der

Mongolei bis nach Japan aus. Im 5. Jahrhundert kam das nestorianische Christentum über das Handelsnetzwerk bis ins Tarimbecken im heutigen Xinjiang. Wenig später bekehrten sich die meisten der dort lebenden Turkvölker zum Islam. Und auch Krankheiten wie die Pest gelangten im 13. Jahrhundert über das Handelsnetzwerk von China nach Europa.

Man muss sich die Seidenstraße wohl weniger als eine antike Autobahn vorstellen, sondern vielmehr als Netz kleinerer und größerer Straßen, die mit vielen Abzweigungen nach Norden und Süden von Ost nach West führte. Freilich war der transkontinentale Transport von Gütern über eine so lange Entfernung mit enormen Risiken verbunden. Karawanen mit zahlreichen Tieren (oft Dromedare) und Menschen mussten für mehrere Monate mit Proviant und Geld ausgestattet werden; rund 200 Tage dauerte die Reise von China nach Konstantinopel, schätzt man heute. Den gigantischen Gewinnen standen ebenso große Risiken gegenüber: Krankheiten, aber vor allem Räuber und Erpresser lauerten an vielen Stellen der über 6000 Kilometer langen Strecke.

Weil aber der Handel so profitabel war, schickten schon in der Antike chinesische Kaiser immer wieder Militärexpeditionen Richtung Westen, um mit Stützpunkten die Karawanenwege zu sichern. Das ist der Grund, weshalb Karten der Han- und Tang-Dynastie im ersten Jahrtausend nach Christus immer wieder eine Art Bauch – Kernland China – zeigen, an dessen linkem Ende ein dünner, langgezogener Schwanz hängt.

Mit der Entdeckung Amerikas 1492 und dem Aufstieg der europäischen Seeschifffahrt aber verlagerte sich der Welthandel von der asiatischen Kontinentalplatte auf die Weltmeere. Mit einem Mal tauchten spanische und portugiesische Schiffe vor den Küsten Chinas und Japans auf, die Gold und Silber aus dem gerade entdeckten Kontinent an Bord hatten, um es gegen die begehrten Orientwaren einzutauschen. Der Weg über das Meer war sicherer und vor allem profitabler – umging man so die vielen (meist muslimischen) Zwischenhändler mit ihren Zöllen und Abgaben. Mit Beginn der Neuzeit im 16. Jahrhundert zerfiel das alte Handelsnetzwerk.

Es sollte mehr als 500 Jahre dauern, bis die alte Handelsroute von Ost nach West – zumindest dem Namen nach – wiederbelebt wurde. Die Kader in Peking lieben große, langfristige Pläne – und so einer war auch die Verkündung der »Neuen Seidenstraße« im Herbst 2013. Xi Jinping hatte gerade seine Macht konsolidiert, als er begann, diese auch auf Staaten außerhalb Chinas auszuweiten. Die Neue Seidenstraße kann man als eines dieser Projekte sehen (ein Synonym ist die »One Belt-One Road-Initiative«, kurz BRI). Der Plan sieht vor, die globalen Handelsströme von den Weltmeeren wieder zurück auf den eurasischen Kontinent zu lenken. Mit chinesischem Geld in Form von billigen Krediten sollen die zentralasiatischen Länder ihre Infrastruktur ausbauen und gleichzeitig ihre Märkte für chinesische Waren öffnen. Die Länder, so stellte es sich Peking vor, sollten sogar ihre wirtschaftlichen Entwicklungspläne mit China koordinieren. Dafür gründete man Ende 2015 eigens die Asian Infrastructure Investment Bank (AIIB), um die Projekte zu finanzieren.

Hinzu kommt eine »Maritime Seidenstraße«, die Handels- und Militärstützpunkte entlang des Indischen Ozeans von Singapur bis Djibouti verbindet (was wiederum Indien als höchst bedrohlich empfindet). Auch diese trägt einen klingenden Namen: Perlenkette.

Uneigennützig ist die Neue Seidenstraße freilich nicht. »Projekte im Rahmen der sogenannten Belt-and-Road-Initiative (BRI) sollen die Auftragsbücher von chinesischen

Unternehmen füllen, deren internationale Marktanteile ausbauen und globale Marktführer aus China hervorbringen. Zugleich will die chinesische Führung ihr internationales Ansehen steigern und ihren globalen Einfluss ausbauen«, sagte dazu Thomas Eder, wissenschaftlicher Mitarbeiter am Mercator Institute for China Studies (MERICS) in Berlin 2019.

Im Herbst 2017 wurde das Projekt sogar in die Verfassung der KPCh aufgenommen. Das zeigt, wie wichtig die neue Seidenstraße der chinesischen Führung ist. Auch hat sich die BRI bisher als alles andere als ein Rohrkrepierer erwiesen: Sie umfasst Ende 2019 eine Bahnstrecke, die von Chongqing bis nach Duisburg reicht (und auch befahren wird), zahlreiche kürzere Eisenbahnstrecken nach Pakistan, in den Iran, in die ehemaligen Sowjetrepubliken Zentralasiens, nach Russland, in die Mongolei und die Türkei. Hinzu kommen Öl- und Gas-Pipelines, die die scheinbar ewig wachsende chinesische Volkswirtschaft mit Energie versorgen. Ende 2019 waren laut MERICS bereits 100 Milliarden US-Dollar in die Projekte geflossen – noch nicht fertiggestellte Investitionen waren dabei noch nicht eingerechnet. Mittlerweile dürfte die tatsächliche Summe weitaus höher liegen, denn zu den sichtbaren Infrastrukturprojekten kommen Investitionen in Datenbanken, Überwachungs- und Finanzstrukturen. Geschenkt davon ist nichts. Peking vergibt Kredite – und was passiert, wenn ein Staat das Geld nicht zurückzahlen kann, zeigt das Beispiel Sri Lanka. Als die Regierung in Colombo Schwierigkeiten bekam, die Schulden für einen von Peking finanzierten Hafen zu bedienen, beschlagnahmte China diesen kurzerhand. Er ist nun – wie einst die britische Kronkolonie Hongkong – für 99 Jahre verpachtet.

Zeitlich fällt die Schaffung der Neuen Seidenstraße zusammen mit einer neuen repressiven Politik gegenüber den Minderheiten in Xinjiang, die sich 2021 zu einem Orwell'schen Albtraum entwickelt hat. Ein Blick auf die Landkarte dabei erklärt vieles: Die chinesische Provinz Xinjiang grenzt gegen den Uhrzeigersinn an die Staaten Mongolei, Russland, Kasachstan, Kirgisistan, Tadschikistan, Afghanistan, Pakistan und Indien. Wäre die Provinz ein eigener Staat, hätte die Volksrepublik China nicht 14 Nachbarn, sondern fünf weniger. Für die Strategie der Neuen Seidenstraße ist Xinjiang unerlässlich – und aus Pekings Sicht viel zu wichtig, um nicht die volle Kontrolle über die Geschehnisse dort zu haben. Xinjiang ist Pekings Tor nach Eurasien, und das ist ein Grund, weshalb die Region und deren Bevölkerung von einem armen, bedeutungslosen Hinterhof plötzlich zu einer globalen Drehscheibe mit geopolitischer Bedeutung wurde.

Doch es gibt noch weitere Gründe, weshalb Xinjiang immer mehr in den Fokus geriet. Da wären die Bodenschätze der Provinz selbst. Mehr als ein Fünftel von Chinas Gas- und Ölvorkommen liegen hier. Bei Erdöl ist der Anteil noch höher. Rund 40 Prozent von Chinas Kohlevorkommen befinden sich im Tarimbecken, der ariden, wüstenähnlichen Landschaft in der Mitte der Region. Geologen aber gehen davon aus, dass dies längst nicht alles ist, und unter der Erde Xinjiangs noch viel mehr zu finden sein könnte.

Außerdem ist Xinjiang mit rund 3500 Sonnenstunden im Jahr auch zum zweitgrößten Produzenten von Solar- und Windenergie geworden. Hinzu kommen die nach Tibet wohl zweitgrößten Wasserreserven des Landes, die auch wiederum zur Energiegewinnung genutzt werden können. Bisher ist nur ein Bruchteil des Potenzials erschlossen. Der dort gewonnene Strom aber wird über ein kürzlich geschaffenes Ultra-Hochspannungsnetz an die Ostküste befördert.

Die Region ist außerdem der größte Produzent von Polysilikon, einem für die Herstellung von Solarzellen notwendigen Stoff. Rund 45 Prozent der weltweiten Produktion kommen von hier, was die globale Solarzellen-Industrie noch vor Probleme stellen wird.

Und schließlich ist Xinjiang auch noch Umschlagplatz für die Öl- und Gasimporte der Volksrepublik. Hier erreicht die Central Asia Gas Pipeline das chinesische Staatsgebiet und verzweigt sich später auf mehrere Pipelines, die Gas an die boomenden Städte der Ostküste bringen.

Xinjiang gilt deswegen spätestens seit 2010 laut Parteisprech als »strategische, nationale Energie-Basis« der Volksrepublik, und man kann sich leicht vorstellen, dass es für Peking ein Albtraum wäre, nicht die volle Kontrolle über die Provinz zu haben. Das mag das Vorgehen der KPCh etwas erklären, macht aber die dort errichtete Hölle aus Überwachung und Konzentrationslagern nicht besser.

Die geopolitische Bedeutung erklärt aber auch, welche Politik Peking in der Region eigentlich verfolgt: Es geht der KPCh nicht um eine neokoloniale Ausbeutung, obwohl man die Siedlungspolitik und die Diskriminierung der Uiguren und anderer Minderheiten durchaus so deuten kann. Ziel ist letztlich eine engere Anbindung der Region an das Han-chinesische Kernland. Dazu gehört neben der »Umerziehung« und »Deradikalisierung« der nicht Han-chinesischen Bevölkerungsteile zu Peking-treuen Bürgern auch die wirtschaftliche Entwicklung der Region.

Schuld, Mitschuld, Verantwortung – Die Rolle deutscher Unternehmen in Xinjiang

»Davon ist mir nichts bekannt.«

Volkswagen-CEO
Herbert Diess, 2019

Die Schafe auf der Ladefläche eines Transporters blökten. Die Laute der Tiere mischten sich mit der türkischen Pop-Musik aus dem Autoradio. Hier an der Unterführung endete die Stadtautobahn und der Asphalt gleich mit. Die staubigen Autos und Lastwagen zwängten sich über einen Umweg aus gestampftem Kies. Ein Lastwagenfahrer mit dichtem schwarzen Haar und geschwungenem Schnurrbart fluchte auf einer nach Türkisch klingenden Sprache.

Schon wenige Kilometer außerhalb der 3,5-Millionen-Stadt Urumqi erinnerte im Sommer 2013 nichts mehr an China. Die Männer trugen lange Bärte, die Frauen Kopftücher. Ausgerechnet hier hatte Autobauer Volkswagen ein Werk eröffnet.

Langsam löste sich der Stau, die Fahrt ging weiter. Eine Viertelstunde später begann ein typisches Gewerbegebiet, wie sie in den letzten Jahren überall in China aus dem Boden gestampft worden waren. Gerade, breite Straßen führten über eine Ebene, an deren Ende sich karge Berge erhoben. Links und rechts davon wuchsen junge Bäume neben bunten Steppenblumen. Ein kalter Wind wehte über die Landfläche.

»In Urumqi gibt es nur zwei Jahreszeiten«, sagte Abdul, ein junger Uigure, »Sommer und Winter.« Im August ist es in Chinas äußerster Nordwestprovinz brütend heiß, im Winter kann das Thermometer auf minus 40 Grad Celsius fallen. Abduls Chinesisch war brüchig, sein Englisch dagegen fließend.

Die Volkswagen-Fabrik glänzte silbern in der Oktobersonne. Dreimal war darauf der Schriftzug »Shanghai Volkswagen Xinjiang« zu lesen: in lateinischen, chinesischen und arabischen Schriftzeichen. Die chinesischen Schriftzeichen waren am größten. 2012 hatte Volkswagen hier begonnen, den VW Santana zu produzieren. Schon ein Jahr später sollte die Produktion auf 50 000 Wagen steigen. Der Plan wurde nie erfüllt. 20 000 Autos waren es 2020.

Eine Besichtigung des Werks war 2013 und ist auch heute nicht möglich. Damals vertröstete die Presseabteilung immer wieder: Es gebe dort nichts zu sehen, die Produktion laufe noch nicht richtig. Warum ausgerechnet Volkswagen hier mit seinem Joint-Venture-Partner Shanghai Automotive Industry Corporation (SAIC) ein Werk eröffnet hatte, war aus betriebswirtschaftlichen Gründen kaum erklärbar. Es fehlte schlicht an Käufern.

Volkswagen ist nicht die einzige westliche Firma in Xinjiang. Vor etwa 15 Jahren begann Peking, internationale Unternehmen dazu zu drängen, in die Provinz zu investieren. Es ist der einfachste Weg, Arbeitsplätze und Wohlstand in eine Provinz zu bringen. Nicht selten half man mit etwas Druck nach: So kursierten Gerüchte, man habe die Eröffnung eines profitablen Werks im südchinesischen Foshan an die Bedingung geknüpft, in Xinjiang zu investieren. Volkswagen habe die Erlaubnis für ein neues Werk nur erhalten, wenn die deutschen Autobauer auch in der Unruheprovinz Entwicklungsarbeit leisten. Im sicheren und gut entwickelten Foshan in Südchina laufen tatsächlich wesentlich mehr Wagen vom Band. Ähnliches wird vom deutschen Chemiehersteller BASF berichtet, der ein Werk in Korla betreibt.

Offiziell wird der Gang nach Urumqi als »Go-West-Strategie« verkauft. »Aber die Welt der Autoproduktion hört westlich von Chengdu auf«, sagt Jochen Siebert von der Unternehmensberatung JSC in Shanghai. Chengdu, in der Provinz Sichuan, liegt 2000 Kilometer weiter östlich. Viele Zulieferer hofften angeblich darauf, nicht dazu gedrängt zu werden, dem Kunden nach Urumqi zu folgen.

»Pionierleistung« nannte der damalige VW-China-Chef Jochem Heizmann die Gründung des Werks in Urumqi 2012. »Blauäugig« nannte es Mehmet Ugur. Der Professor unterrichtete abwechselnd in Deutschland und in seiner Heimat Xinjiang. »Volkswagen hat gute Absichten, ist aber völlig naiv, wie verfahren die Situation ist.« Mittlerweile ist Ugur verstummt. Um ihn nicht unnötig in Gefahr zu bringen, ist er hier mit einem Pseudonym zitiert.

Insgesamt ist China für Volkswagen und viele andere deutsche Unternehmen eine einzige Erfolgsstory: Seit sie 1984 in Shanghai ihr erstes Joint-Venture eröffneten, melden die Wolfsburger einen Umsatzrekord nach dem anderen. Für Volkswagen ist China mittlerweile der größte Einzelmarkt – und vor allem einer, der stetig wächst im Gegensatz zum saturierten westeuropäischen. Der Preis dafür: Schweigen oder gespielte Ahnungslosigkeit.

2019 fragte ein BBC-Reporter VW-Konzernchef Herbert Diess: »Sie wissen nichts über die Umerziehungslager für rund eine Million Uiguren?« Diess antwortete: »Davon ist mir nichts bekannt.« Wenig später räumte China-Chef Stephan Wöllenstein ein, dass Berichte über die Internierungslager dem Konzern schon bekannt seien. »Natürlich kennen wir diese Reports, natürlich nehmen wir sie ernst und sie sind auch besorgniserregend aus unserer Sicht.« Trotzdem sei es aus wirtschaftlicher Sicht richtig gewesen, das Werk in Xinjiang zu bauen.

Zumindest letztere Aussage dürfte eine krasse Beschönigung der Lage sein. Die Fabrik in Urumqi ist ein Semi-Knocked-Down-Werk. Das heißt, alle Teile werden aus anderen Werken in Ost-China angeliefert und dann in der Fabrik zusammengeschraubt. »Die Teile von Shanghai ins 3000 Kilometer entfernte Urumqi zu bringen, um sie dort zusammenschrauben, macht betriebswirtschaftlich überhaupt keinen Sinn«, sagt Jochen Siebert. Ein Semi-Knocked-Down-Werk könne zwar schon ab 20 000 Einheiten sinnvoll sein, wenn die Logistik kein großes Problem darstellt und wenn der Absatz dieser Fahrzeuge als relativ sicher gelten kann. Beides sei in diesem Fall aber mehr als fraglich.

»Das ist ein völlig absurdes Unterfangen, zu dem Volkswagen von der chinesischen Regierung gezwungen wurde«, meinte Siebert schon damals und vertritt diese Einschätzung noch heute.

Bleibt die Frage, wie VW mit den »Umerziehungslagern« und der totalen Überwachung umgeht. Auf das, was außerhalb der Werkstore geschieht, habe man keinen Einfluss, sagt Wöllenstein. »Wir beschäftigten Leute direkt, es kommt zum klassischen Bewerbungsgespräch, nachdem die Unterlagen geprüft worden sind. (...) Alles, was davor passiert ist, ist für uns extrem schwer nachzuvollziehen.« Berichten von 2019, dass es bei einem Zulieferer Zwangsarbeit geben soll, sei man nachgegangen, so der VW-China-Chef: »Das hat sich nicht erhärtet, wir haben das ganz genau geprüft. Wir haben auch andere Supplier auf diesen Verdacht hin überprüft.«

Ob das deutsche Werk tatsächlich Teil des Zwangsarbeitssystems in Xinjiang ist, ist fraglich. Dass Arbeiter im VW-Werk dazu gezwungen werden, ist schon deshalb relativ absurd, da eine Anstellung dort von Anfang an als einer der besten Jobs in der Region galt.

Abdul erzählte mir auch: »Mein Traum ist es, bei Volkswagen zu arbeiten.« Das deutsche Unternehmen zahlt überdurchschnittlich gut und das bei vergleichsweise geringen Arbeitszeiten. Abdul verdiente sein Auskommen damals mit dem Übersetzen von Texten ins Englische. Einen festen Job hatte er nicht. Die meisten seiner Altersgenossen seien ohne Arbeit, sagte er. »Wir waren 40 Leute in meiner Abschlussklasse. Sieben davon waren Chinesen. Alle von ihnen bekamen ein Jobangebot, von den Uiguren keiner.« Er konnte Dutzende solcher Beispiele aufzählen.

Schon damals, im Sommer 2013, stellten die chinesischen Medien die Uiguren als exotische Minderheit dar, die ihre Zeit am liebsten mit traditionellen Tänzen verbringt und gerne Lammfleisch verzehrt, und verwiesen auf die Privilegien der Uiguren: Sie dürfen mehr Kinder bekommen als Han-Chinesen und die Zulassungsbeschränkungen für Universitäten sind lockerer.

Dabei war die Diskriminierung der Uiguren auch 2013 offensichtlich: Während die Chinesen die schicken, neuen Viertel der Stadt bewohnten, lebten viele der Uiguren in der heruntergekommenen Altstadt. An jeder Straßenecke stand ein mit Schlagstöcken und Schildern bewaffneter Trupp Militärpolizei. Gerade war ein Marktgebäude abgerissen worden, um Platz für eine Kaserne zu schaffen. Ab und zu hielten die Soldaten Passanten auf und kontrollierten ihre Ausweise.

Viele Stellenanzeigen seien mit der Überschrift »Keine

Uiguren« versehen, klagte Abdul. Bei Vorstellungsgesprächen gäbe man Han-Chinesen stets den Vorzug – zu schlechte Chinesisch-Kenntnisse laute die Standard-Begründung.

Um der Diskriminierung der einheimischen Bevölkerungsgruppe entgegenzuwirken, wollte Volkswagen in Urumqi gezielt Uiguren einstellen. »Erklärtes Ziel ist, dass die ethnische Zuordnung innerhalb der Belegschaft auf allen Personalebenen der ethnischen Verteilung im Großraum Urumqi entsprechen soll«, sagte 2013 VW-Sprecher Christoph Ludewig. »Dies wird entsprechend umgesetzt.«

Es sah aber nicht so aus, als könnte Volkswagen dem eigenen Ziel gerecht werden. »Uiguren arbeiten hier so gut wie keine«, sagte im Sommer 2013 eine Mitarbeiterin am Telefon und bat, auf keinen Fall ihren Namen zu nennen. Sie hatte Angst, ihren Job zu verlieren. Ein uigurischer Werksmitarbeiter bestätigte die Zahlen auf dem Nachhauseweg: »Von den 400 Mitarbeitern sind vielleicht zehn Uiguren«, sagte der 22-Jährige, der zuerst eine dreimonatige Ausbildung in Shanghai absolviert hatte, bevor er im Werk von Urumqi anfing. Der Volkswagen-Sprecher Ludewig bestritt die Zahlen und wies daraufhin, dass man sich noch in der Rekrutierungsphase befinde.

Doch auch was die Ausbildung für eine spätere Anstellung bei VW betraf, war 2013 die Diskriminierung bereits überdeutlich. »30 Prozent der Schüler sind Uiguren«, behauptete der Parteisekretär der Universität Iskandar Kurban. Damals wurden dort 300 Schüler zum Mechatroniker und Elektromechaniker ausgebildet.

Später auf dem Campus fragten wir eine Gruppe von uigurischen Studenten, ob sie das Programm kennen und wie viele der Teilnehmer Uiguren sind. Sie lachten: »Vielleicht sechs oder sieben, der Rest sind Chinesen.«

Der mittlerweile verstummte Professor Ugur meinte damals, dass dies typisch für die Lage in Xinjiang sei. »Auf dem Papier gibt es keine Diskriminierung, im Alltag aber findet sie ständig statt. Momentan bestätigt Volkswagen mit seiner Personalpolitik nur die bestehenden Machtverhältnisse.«

Was ergibt sich daraus? Das Werk von Volkswagen ist so wie wohl die meisten westlichen Unternehmen in Xinjiang nicht direkt am Zwangsarbeits- und Lagersystem beteiligt.

Allerdings tragen westliche Unternehmen eine Mitverantwortung. Mit ihren Investitionen unterstützen sie indirekt die Politik der kommunistischen Partei und damit das Lagersystem. Das Beispiel Volkswagen zeigt auch: Die Errichtung des Lagersystems konnte die Unternehmen nicht völlig überrascht haben. Die strukturelle Diskriminierung der Uiguren war lange vor 2017 eine Tatsache und auch für jeden sichtbar. Freilich galt bis 2015/2016 im überwiegenden Teil der Wirtschaft das Prinzip Hoffnung: Mit dem wirtschaftlichen Aufschwung würde sich das politische System schon liberalisieren. Die Anzeichen, dass dies nicht geschehen würde, sondern das Land sich zunehmend in eine Dystopie verwandelte, waren aber mit dem Regierungsantritt von Xi Jinping immer offensichtlicher geworden. Deutsche Unternehmen wie Siemens, BASF und vor allem Volkswagen hätten also lange, bevor die Gräuel begannen, die Reißleine ziehen oder zumindest deutliche Zeichen setzen können. Eine absurde Note erhält das Debakel auch noch dadurch, dass für Volkswagen (und wahrscheinlich im ähnlichen Ausmaß für BASF und Siemens auch) wirtschaftliche Verluste gar nicht auf dem Spiel standen. Der Aufbau der Werke in Xinjiang war immer Teil eines Deals mit der KPCh gewesen und folgte eben nicht nur der Profitmaximierung: Ihr investiert dort in ein Minusgeschäft und leistet Aufbauarbeit, dafür bekommt ihr die Genehmigung für Werke in anderen Landesteilen.

Dass die Konzerne nach Bekanntwerden des Lagersystems noch immer nicht reagiert haben oder sich wie VW-Chef Herbert Diess unwissend stellten, ist gerade für die deutschen Unternehmen, die eine Historie in Sachen Zwangsarbeit haben, beschämend.

Xinjiang und die globalen Lieferketten

»Die Vereinigten Staaten werden keine Zwangsarbeit in unseren Lieferketten tolerieren und werden weiterhin für unsere Werte und für US-Arbeiter und -Unternehmen einstehen.«

US-Präsident Joe Biden, 2021

Werke deutscher Firmen, die vor Ort in Xinjiang produzieren, gibt es wenige, aber eben doch ein paar, die zu nennen wichtig ist. BASF, Siemens und Volkswagen unterhalten derzeit eine eigene Produktion vor Ort. Und den milliardenschweren DAX-Konzernen würde es zumindest finanziell kaum wehtun, wenn sie die Provinz verließen. Warum sie es nicht tun, ist eine andere Frage, die die Unternehmen zwar beantworten könnten, aber nicht wollen.

Viel schwieriger aber ist die Situation für Unternehmen, die sich aus der Provinz fernhalten wollen, aber es nicht können. Seitdem die Globalisierung nach dem Zusammenbruch des Ostblocks an Fahrt aufnahm, hat sich ein Netz aus Lieferketten um den Globus gespannt. Dieses zu entwirren, ist eine Herkules-Aufgabe. Es gibt Lieferanten von Lieferanten von Tochterunternehmen von Herstellern, von denen jeder in einem anderen Land angesiedelt sein kann. Der wirtschaftliche Aufstieg Chinas und die Globalisierung der Lieferketten waren bis zur Präsidentschaft Donald Trumps eng miteinander verbunden. Das Land verfügt über zahlreiche Rohstoffe, ist zum Beispiel der größte Produzent seltener Erden und hatte lange Jahre ein schier unerschöpfliches Reservoir an billigen, fleißigen und dazu noch anspruchslosen Arbeitskräften – ein Paradies für westliche Unternehmen. »Nicht vor Ort zu sein, können wir uns nicht leisten«, heißt es deshalb immer wieder von deutschen Unternehmen. Das trifft vor allem auf viele Automobilzulieferer zu, die von den großen Konzernen wie Volkswagen dazu genötigt wurden, eine Produktion in China aufzubauen. Mittlerweile ist China für westliche Unternehmen vor allem wegen seiner gigantischen und immer noch wachsenden Mittelschicht als Absatzmarkt interessant.

In den vergangenen 20 Jahren hat sich China in die globalen Lieferketten eingewoben. Das bedeutet leider: Manche Unternehmen profitieren indirekt von Zwangsarbeit, ohne es zu wollen, und sind so auch – weit über ihre geographischen Standorte hinaus – mit dem Lagersystem in Xinjiang verbunden. Ende 2020 geriet die Textilindustrie vermehrt in den Fokus und zog die Konsequenzen: Recherchen konnten nachweisen, dass mittlerweile ein Großteil der in Xinjiang gepflückten Baumwolle von uigurischen Zwangsarbeitern geerntet wird. Zenz geht davon aus, dass bis zu eine Million Uiguren drei Monate lange zur Ernte gezwungen werden. Nach staatlichen Angaben wurden seit 2014 jedes Jahr etwa 350 000 Kader in Dörfer in Xinjiang geschickt, um die Arbeiter »anzuwerben«. Zu den Endkunden der Baumwolle gehören 83 internationale Konzerne, darunter auch sieben deutsche Unternehmen. Das ergaben Recherchen des Australian Strategic Policy Institute. Als dies der Weltöffentlichkeit bekannt wurde, entstand die »Better Cotton Initiative«, der sich namhafte Unternehmen wie Adidas, Nike, New Balance, Burberry, Puma und Tommy Hilfiger angeschlossen haben. Sie ist eine Art Selbstverpflichtung, keine Baumwolle mehr zu beziehen, die von uigurischen Zwangsarbeitern gepflückt worden ist. Im Falle von Baumwolle ist die Situation aber relativ einfach: Lieferketten lassen sich leicht zurückverfolgen. Noch viel wichtiger aber ist: Die Unternehmen haben Alternativen.

Nicht immer ist es so einfach, wie das Beispiel der Solarzellen-Industrie zeigt: Im Mai veröffentlichte die Sheffield Hallam University den Report »In Broad Daylight – Uyghur Forced Labour and Global Solar Supply Chains«. Die Studie zeigt am Beispiel der Solarzellen-Industrie, wie tief die Verstrickung westlicher Unternehmen mit dem Lager- und Zwangsarbeitssystem reicht.

China bezieht zwar immer noch einen Großteil seines Stroms aus dreckiger Kohle – was man als Bewohner so ziemlich jeder größeren chinesischen Stadt über die teils massive Luftverschmutzung zu spüren bekommt. Gleichzeitig ist das Land einer der größten Investoren in erneuerbare Energien, insbesondere der Solarenergie.

Für Solarzellen ist ein Stoff namens Polysilikon notwendig, der wiederum aus Quartz gewonnen wird. Bis 2005 spielte China bei der Polysilikon-Produktion so gut wie keine Rolle. Dann aber kam das Thema auf die Agenda der Planer. Im 13. Fünf-Jahresplan, der 2016 verabschiedet wurde, beschloss man, die Provinz Xinjiang zum Produktionsstandort für Polysilikon aufzubauen. Umgesetzt wurde der Plan, indem man die Preise für Energie stark subventionierte und so Unternehmen in die Region lockte. Zudem wurden die Firmen in den ersten zwei Jahren ganz und dann zur Hälfte von der Unternehmenssteuer befreit. Hinzu kamen weitere Erleichterungen in Form von erlassenen Grundsteuern und ähnlichem. Das erschien sinnvoll, da in Xinjiang große Quartz-Reserven liegen. Da der Rohstoff zur Weiterverarbeitung stark erhitzt werden muss, bietet sich eine geographische Nähe zu Kohlevorkommen an, von denen ebenfalls wiederum die größten in Xinjiang zu finden sind. Das Ziel wurde erreicht: Heute werden 75 Prozent des weltweiten Polysilikons in China produziert, und 45 Prozent davon in Xinjiang.

In der europäischen Union hat man diese Entwicklung schlicht verschlafen. Eine fokussierte Politik für den Aufbau einer eigenen Solarindustrie gab es nicht, und ab 2011 ging es mit der deutschen Solarindustrie steil bergab. Bis dahin hatte das deutsche Unternehmen Solarworld noch auf Einfuhrzölle gedrängt, die aber nie kamen. »So wurde man immer abhängiger von China, wo die Produktion direkt und indirekt subventioniert wurde«, sagt der Analyst Johannes Bernreuter. Er leitet das Unternehmen Bernreuter Research mit Sitz in Würzburg und beschäftigt sich seit 2019 mit dem Thema. »Als man dann vor zwei Jahren erstmals von dem Zwangsarbeitssystem erfuhr, wurden viele Unternehmen kalt erwischt.«

Natürlich dürften viele schon früher von der Existenz der Lager gewusst haben. Dass die gesamte Industrie darin verstrickt ist, erfuhr man aber erst, als die Reports von Horizon Advisory und vor allem der Sheffield Hallam University Details dies publik machten.

Die Berichte belegen, dass im Frühjahr 2018 Lokalregierungen der Region verstärkt begannen, das »Arbeitsprogramm zu nutzen«, sprich uigurische Zwangsarbeiter. Die Studie schätzt, dass bis zu 2,6 Millionen Uiguren – offiziell freiwillig – an einem dieser Programme teilgenommen haben. Zahlreiche Berichte aber legen nahe, dass auf die Menschen teils massiver Druck ausgeübt wurde. Berichte aus erster Hand zu bekommen, ist schwierig, da man sich auf die Schilderungen derer verlassen muss, die ins Ausland fliehen hatten können. Doch auch wenn man sich an die offiziellen

Berichte der chinesischen Staatsmedien hält, wird einem klar, welche Tragödien sich hinter dem Programm verstecken, das offiziell der »Armutsbekämpfung« dient. Ein Ehepaar wird vorgestellt, dass seine Felder verlassen hat und nun in einem Hochbett im Schlafsaal einer Fabrik lebt. Um die Äcker, so das Staatsfernsehen, müsse sich das Paar keine Sorgen machen, darum kümmere sich die Partei.

»Betroffen ist im Prinzip die gesamte Solarindustrie, da Zwangsarbeit am Beginn der Lieferkette steht, und acht chinesische Hersteller für 90 Prozent des weltweiten Ausstoßes an Polysilizium verantwortlich sind«, sagt Johannes Bernreuter. »Es gibt derzeit kaum eine Ausweichmöglichkeit.«

Nötig wäre der Aufbau einer Wafer-Produktion außerhalb Chinas. Selbst wenn dies wirtschaftlich wäre, würde es Jahre in Anspruch nehmen. Zwar sind die amerikanischen Zölle ein erster Schritt in diese Richtung. Es entstehen aber neue Schwierigkeiten, wenn chinesische Unternehmen einfach ihren Standort wechseln. »Teile der chinesischen Produktion von Solarzellen und -modulen sind außerdem nach Südostasien verlegt worden, um die amerikanischen Zölle zu umgehen. Sprich: Der Weltmarkt ist abhängig von China und damit auch alle Hersteller«, so Bernreuter.

Zurück nach Xinjiang: Satellitenaufnahmen zeigen, dass viele der Fabriken sich in unmittelbarer Nähe zu den berüchtigten »Ausbildungszentren« befinden. Die Autoren der Studie konnten rund 135 Unternehmen um die Lager ausfindig machen. Auch wenn diese Firmen nicht der Bingtuan-Organisation unterstehen, so haben sich die Firmen doch in Industrieparks angesiedelt, die den Bingtuan gehören.

Nachweislich beschäftigen vier der sechs großen Polysilikon-Hersteller Zwangsarbeiter: Daqo New Energy Corp, GCL-Poly, TBEA/Xinte und East Hope. Jeder Endproduzent von Solarzellen innerhalb Chinas hat direkt oder indirekt Anteil an diesem System.

Die Studie kommt zu dem Schluss, dass »mit zwei großen internationalen Herstellern – JinkoSolar und Trina Solar (...) die gesamte chinesische Solarzellen-Lieferkette mit einem sehr hohen Risiko in Zwangsarbeit verstrickt ist«.

Betroffen davon ist wohl auch das deutsche Unternehmen Wacker. Wacker Chemie mit Hauptsitz in München verfügt über die drittgrößten Polysilikon-Produktionskapazitäten und kauft Rohstoffe vom chinesischen Unternehmen Hoshine.

Bernreuter glaubt, dass sich viele Unternehmen der Problematik voll bewusst sind, dies aber lieber hinter geschlossenen Türen besprechen, vor allem auch, weil die Ausweichoptionen begrenzt sind: »Die einzige Möglichkeit wäre, dass die chinesischen Wafer-Hersteller kein Material aus Xinjiang beimischen. Unternehmen, jegliche Kommunikation mit ausländischen Firmen über Xinjiang zu melden. Das deutsche Unternehmen Wacker könnte es noch relativ einfach haben, indem sie Hoshine als Lieferant ausschließen.«

Eine Wertschöpfungskette außerhalb Chinas aufzubauen, ist schwierig und wird Zeit brauchen. Unmöglich aber sei es nicht. »Eine von China unabhängige Solar-Industrie gab es ja schon einmal, bevor diese Firmen von chinesischen Unternehmen aus dem Markt gedrängt wurden«, sagt Bernreuter. »Unabhängig vom Zwangsarbeitsproblem könnte ein New Green Deal Anreize schaffen, eine Wafer-Produktion außerhalb Chinas aufzubauen.«

Die Solarzellen-Industrie ist ein Beispiel. Tatsächlich erstreckt sich die Problematik auf eine Vielzahl von Sektoren, wie eine Studie des Centre for Advanced Defense Studies (C4ADS) im August 2021 zeigte. Aufgrund der weit verzweigten Struktur der Bingtuan (XPCC – Xinjiang Producation and

Construction Corps) und der darin versammelten Unternehmen ist es kaum möglich, die Produkte wie Baumwolle oder Tomaten zu beschlagnahmen, die seit Januar 2021 auf der Sanktionsliste der USA stehen. Die Studie macht 2923 Unternehmen aus, die direkt oder indirekt den Bingtuan unterstehen. Hinzu kommt, dass viele den Umweg über andere Staaten wie zum Beispiel Russland nehmen.

Dass es schwierig ist für Unternehmen, die eigenen Lieferketten von Zwangsarbeit oder irgendeiner anderen Form von Beteiligungen an den Menschenrechtsverbrechen reinzuhalten, sollte deutlich geworden sein. Dies ist aber kein Argument, es nicht zu versuchen. In einigen Sektoren wie der Textilindustrie ist eine Entkopplung und Vermeidung von Produkten aus Xinjiang relativ leicht möglich. In anderen Sektoren erscheint es wie ein unlösbares Puzzle. Unternehmen sollten hier auch Unterstützung durch internationale Kooperation bekommen. Im Aufbau neuer Lieferketten und der Verlagerung von Industriezweigen liegen schließlich auch große Chancen.

Reiseblogger im Dienste der KPCh

»Diese ganzen Schwachsinnsgeschichten von westlichen Medien dienen nur dazu, China zu destabilisieren und den eigenen geopolitischen Interessen.«

Britischer Vlogger für GCTN, 2021

»Riesig, schöne Frauen, fröhlich«, mit diesen drei Adjektiven beschreibt der deutsche Blogger Xinjiang. Er ist groß, sportlich und vielleicht Ende 20.

Neben ihm steht eine junge quirlige Chinesin, die sich als Bloggerin auf sämtlichen Kanälen vorstellt (YouTube, Twitter, Instagram, Weibo). Die Sonne scheint und die beiden spazieren gut gelaunt durch ein Neubaugebiet der alten Oasen- und Karawanenstadt Kashgar.

»Da sind Kinder und spielen Basketball«, erzählt der große Deutsche weiter. »Die haben keine Angst, die haben Spaß.«

»Es gibt schwere Anschuldigungen von westlichen Medien. Ist das der Grund, weshalb du hierhergekommen bist?«, fragt die Chinesin mit dem Selfie-Stick in der Hand.

»Ich habe ehrlich gesagt keine Ahnung, was die meinen«, sagt der Deutsche. »Bevor ich irgendwo hinfahre, schaue ich keine Videos. Ich will mir mein eigenes Bild machen: Die Leute sind nett, das Essen ist gut, die Hotels sind super.«

Die Chinesin pflichtet ihm lachend bei. »Ja, kommt einfach hierher und schaut es euch selbst an.«

Dann spricht sie ein ernsteres Thema an. Früher hätte es hier ja terroristische Aktivitäten gegeben, ob der Deutsche sich jetzt denn sicher fühle?

»Absolut! In ganz China habe ich mich immer sicher gefühlt.«

»Und die Leute, die du gesehen hast, leben die ein Sklavenleben?«, fragt die Frau wieder.

Der Deutsche kann sich jetzt vor Lachen kaum mehr halten. Giggelnd antwortet er: »Also, das ist nicht meine Erfahrung. Ich habe so viele schöne Frauen und nette Typen kennengelernt.«

Später sitzen die beiden auf einer Parkbank. Die Frau fragt die »riesige deutsche Internet-Berühmtheit«: »Angeblich gibt es in Xinjiang ja Maßnahmen zur Geburtskontrolle. Hast du das gesehen?«

»Was? Also ich habe nur freundliche Mädchen kennengelernt.«

Auch die strikten Corona-Maßnahmen in Xinjiang, die ständigen Kontrollen und das Scannen des QR-Codes finden die beiden großartig.

»Ich liebe Deutschland«, sagt der Blogger. »Aber selbst meine Eltern meinen: Zurzeit ist Deutschland ein Chaos.« Das Video schließt mit der Aufforderung, Chinesisch zu lernen und das Land zu bereisen.

Absurd ist das Video nicht nur, weil China derzeit die strengsten Einreisekontrollen überhaupt hat und eine Einreise (Stand Herbst 2021) nur mit Sondergenehmigungen möglich ist. Auch ansonsten wirken die 15 Minuten, die die beiden im Juni 2021 auf YouTube hochgeladen hatten, wie eine tiefschwarze Satire auf die Ereignisse in Xinjiang. Aber so ist es nicht gemeint. »The TRUTH OF XINJIANG – in a German vlogger's eyes«, lautet der Titel des Videos, das »Miss Wow China« auf YouTube hochgeladen hat. Auf Instagram ist das Konto der Frau immerhin mit dem Zusatz »staatlich kontrollierte Medien (China)« versehen.

Das Video gibt so ziemlich exakt die Version von den Ereignissen in Xinjiang wieder, die das Regime in Peking in der Welt verbreiten will: »Xinjiang ist ein stabiles, wirtschaftlich blühendes Land. Die Menschen hier sind fröhlich und aufgeschlossen. Sie genießen das Leben. Außerdem ist es sicher hier. Zu jeder Tages- und Nachtzeit, egal an welchem Ort – man fühlt sich sicher. Nachrichten von Konzentrationslagern? Alles westliche Propaganda!«

Wer aber ist die deutsche »Internet-Berühmtheit«? Der Mann heißt laut Facebook Patrick Koellmer, lebt seit acht Jahren in China, derzeit in der Stadt Xiamen, Provinz Fujian, und postet gerne Fotos seines durchtrainierten Oberkörpers. Laut der britischen Zeitung *Byline Times* hatte er eine eigene Show im chinesischen Fernsehen. Auf eine Anfrage, wie es zu diesem Video gekommen sei, reagierte er leider nicht. Zu Koellmers Verteidigung muss man sagen: Er lügt an keiner Stelle, sondern schildert tatsächlich nur seine Erlebnisse – auf beschämend naive Weise allerdings.

Es gibt mittlerweile rund ein Dutzend ausländischer Blogger oder Video-Blogger (»VLogger«), die Propaganda-Videos für das Regime produzieren. Die KPCh dankt es ihnen, indem sie sie zu Vergnügungsreisen nach Xinjiang einlädt, sie mit Menschen in Kontakt bringt, die nur Gutes über die Politik des Regimes erzählen und mit Zugang zu Orten, die ausländischen Journalisten verwehrt bleiben. Möglich, dass an der einen oder anderen Stelle auch Geld fließt. Meist aber dürften einfach die Aufmerksamkeit des chinesischen Publikums und ein paar angenehme Tage in schönen Hotels und mit Restaurantbesuchen locken: Wer als westlicher Ausländer gut Chinesisch spricht, und kleine Alltagsvideos über sein Leben in China postet, kann schnell eine für westliche Verhältnisse riesige Fan-Gemeinde aufbauen. Der britische Blogger Lee Barret, der mit seinem Sohn Oli nette Reisegeschichten über Xinjiang filmt, gibt zumindest zu, dass der staatliche chinesische Radiosender China Radio International für Transport, Kost und Logis aufkam. Ein anderer Blogger namens Barrie Jones behauptet, lange Jahre als Journalist für britische Zeitungen gearbeitet zu haben – eine Behauptung, die die BBC nicht verifizieren konnte. Sein Video-Statement, in dem er über westliche Propagandalügen über Xinjiang schimpft, schaffte es dafür in die Pressekonferenz des chinesischen Außenministeriums. Überhaupt werden solche Berichte gerne von den »Wolf Warriors«, wie Chinas hypernationalistische Diplomaten heißen, gerne auf Twitter verbreitet – auch das eine Absurdität angesichts der Tatsache, dass Twitter, wie nahezu alle anderen Social-Media-Plattformen, innerhalb Chinas verboten ist.

Zudem pflegen Expats in China, die dort gute Geschäfte machen und die Sonnenseite des chinesischen Wirtschaftswunders kennengelernt haben, eine besondere Haltung zu den Medien ihres Heimatlandes: Die China-Korrespondenten würden viel zu sehr auf Missstände achten, anstatt auch mal die positiven Entwicklungen des Landes zu beschreiben, ist eine Kritik, die man als Journalist seit Jahren immer wieder zu hören bekommt – vor allem von westlichen Geschäftsleuten. Weist man auf die teils massiven Menschenrechtsverletzungen hin, folgen meist schiefe »Whataboutisms«: Was haben die amerikanischen Siedler den Indianern angetan?

Und ist Edward Snowden nicht auch ein Dissident? Werden in Guantanamo nicht auch Menschen ohne Prozess seit Jahren festgehalten? All das ist nicht falsch, nur abermals tragisch naiv, da solche Argumentationen sich eins zu eins mit der Propaganda des Regimes decken.

In eine ähnliche Kategorie fällt auch Buchautor Shaun Rein, der in Shanghai eine Unternehmensberatung namens China Market Research Group hat.

Am 15. September twittert er ein Foto von sich, grinsend in einem Baumwollfeld, dazu: »Keine Lügen – nur die Wahrheit über Baumwolle aus Xinjiang.« In einem anderen Video steht er vor einem adrett aussehenden »Ausbildungszentrum« und behauptet, gestern mit einer Frau und ihrer Tochter gesprochen zu haben, die freiwillig um eine Aufnahme darin gebeten hätten, um Chinesisch-Unterricht zu nehmen, eine andere, um dort tanzen zu lernen. Das Gebäude betreten kann er allerdings nicht. Auch ansonsten ist die Recherche des Unternehmensberaters, der angeblich mit der Tochter eines Generals der Volksbefreiungsarmee verheiratet ist, beendet.

Auch die links-marxistische Website Grayzone stellt sich immer wieder in den Dienst der Propaganda der KPCh. Deren Reporter Max Blumenthal greift im chinesischen Fernsehen den Forscher Adrian Zenz an und unterstellt ihm Lügen. Zu ihm gesellt sich der britische Sozialist Carlos Martinez, der immer wieder vom chinesischen Kanal CGTN interviewt wird, sonst allerdings von niemand anderen. Der Titel des Videos lautet »British researcher exposes Western propaganda against China«.

Ausländische Journalisten für die eigene Propaganda anzuheuern, hat Tradition bei der kommunistischen Partei: Der bekannteste ist Edgar Snow, der Mao Zedong in den

1930er Jahren eng begleitet hat. Sein Buch »Roter Stern über China« prägte lange das Bild der KPCh im Ausland – positiv. Schon 2010 bauten die chinesischen Zeitungen *China Daily* und *Global Times* englischsprachige Redaktionen auf und heuerten dafür meist junge Ausländer an. 2010 hospitierte ich sechs Wochen bei der englischsprachigen Redaktion der *Global Times*. Dies fand im Rahmen des mittlerweile eingestellten »Medienbotschafter-Programms« statt, ein Austauschprogramm für deutsche und chinesische Journalisten. Die Arbeit dort beschränkte sich meist auf harmlose Artikel über Alltags-, Kultur- und Nachtleben in Shanghai. Bemerkenswert war vor allem eine »Schere im Kopf« der ausländischen Redakteure. Kritische Themen wurden meist in vorauseilendem Gehorsam von vornherein ausgespart. Die so produzierten Medien richten sich ausschließlich an ein internationales Publikum. Ihm soll das Bild eines modernen, weltoffenen, aber eben doch sehr autonomen Chinas vermittelt werden, welches sich als als prosperierende, sichere und geordnete Alternative zum Westen präsentiert. Mittlerweile hat sich die Propagandaoffensive vor allem auf Social-Media-Kanäle verlagert.

Anfang des Jahres ging die chinesische Regierung abermals in die Offensive, um das Narrativ über Xinjiang zu prägen. »Chinas Geschichte richtig erzählen«, heißt die Kampagne, mit der nicht nur das auf Twitter sehr aktive Netzwerk chinesischer Diplomaten Chinas Menschenrechtsbilanz schönen sollen. Ziel ist neben Hongkong, wo die Demokratiebewegung brutal unterdrückt wurde, eben auch das Narrativ über Xinjiang.

Die *New York Times* und die Journalistenorganisation Pro Publica haben monatelang 3000 solcher Videos gefunden und untersucht. Das Muster ist immer wieder das Gleiche: Han-Chinesen oder Uiguren erzählen davon, wie gut das Leben in Xinjiang sei. Die Videos sind mit englischen Untertiteln versehen. Eine Person spricht direkt in die Kamera, stellt sich als Bewohner der Provinz Xinjiang vor, erzählt, wie gut das Leben hier sei. »Wir sind sehr frei«, sagt etwa ein junger Mann. Vorwürfe, es komme hier zu Menschenrechtsverbrechen, seien haltlos und werden mit »Du redest kompletten Unsinn« gekontert. Das fanden die Journalisten wörtlich in 600 dieser Videos. Die Kampagne nahm ihren Anfang Mitte Januar 2021, kurz nachdem der damalige US-Außenminister Pompeo die Verbrechen an den Uiguren als Genozid bezeichnet hatte.

»In den vergangenen Jahren hat die KPCh sehr viel Geld in den Aufbau der eigenen Medien investiert, die auch vermehrt außerhalb Chinas sichtbarer werden und dabei auch in China selbst verbotene Social-Media-Plattformen wie Twitter und Facebook nutzen«, sagt die Autorin Mareike Ohlberg. Hinzu kommen noch das Heer von jungen chinesischen Netizens, oft Auslandsstudenten, die von der Partei dazu angehalten werden, jeden kritischen Artikel, der in westlichen Medien erscheint, im Sinne der Partei-Propaganda zu kommentieren. »50-Cent-Army« hießen die Online-Kommentatoren lange, weil sie angeblich für jeden Post im Sinne der Partei umgerechnet 50 Cent erhielten.

Die britische Zeitung *Byline Times* rekonstruierte die Entstehung eines dieser Accounts: Hurxida Abelikim, eine 19-jährige uigurische Studentin in Sichuan, startete zunächst zusammen mit Freundinnen mit lustigen, kurzen Videos auf der Plattform Douyin, wie TikTok in China heißt. Sie gewann einen Wettbewerb des Informationsministeriums »Me and my Motherland – Voice of Xinjiang«. Im März 2020 übernahm dann eine staatliche Agentur den Kanal. Hurxidas Freundinnen verschwanden und die Videos wurden ernster – eher wie eine Art Reiseführer für die Region. Im Januar 2021 stieg dann eine weitere Frau namens Sabira Samat ein und der Kanal wurde in »Xinjiang 3000« umbenannt. Die Videos begannen nun, direkt die westliche Berichterstattung zu attackieren. »Manche Leute versuchen, den Ruf Xinjiangs zu schädigen«, heißt es in einem YouTube-Video vom 6. April 2021 mit Titel »Welcome to Xinjiang, China!«, »Aber komm und sieh für dich selbst! Fakten zählen mehr als Worte.« Die zwei Frauen stellen sich jetzt als Schwestern vor. Ihre Videos laden sie auf YouTube und Twitter hoch, Plattformen, die in China gesperrt sind, und über ein Virtual Private Network (VPN) erreicht werden können, was streng genommen allerdings illegal ist. Im Mai sperrte Twitter schließlich das Konto. Die Videos aber sind weiter auf YouTube zu sehen. Selbige Samira Samat lädt am 1. Juni 2021 ein Video hoch, in dem sie wieder »the German Internet Celebrity« Patrick Koellmer interviewt. Darin erzählt der Deutsche wieder, dass er eigentlich nichts über Xinjiang weiß, weil er aufgehört habe, westliche Medien über China zu lesen. Anschließend unterhalten sich die beiden wieder ausgiebig darüber, wie gut das Essen und wie hübsch die Frauen in Xinjiang seien. »Was ich auch an Xinjiang mag, ich hatte so viele Fragen und jeder, den ich fragte, war so cool.«

Ein China-Korrespondent, der an dieser Stelle anonym bleiben möchte, ist besorgt über diese Entwicklung. »Phase 3 des Genozids hat begonnen, manche Lager sind zum Teil schon geschlossen, oder zumindest stark verkleinert. Derzeit kann zwar niemand nach China reisen. Aber nach Corona wird es Touren geben, die den Besuchern eine heile Welt vorspielen.«

Der Journalist war zuletzt im Mai 2021 in Xinjiang. Er erzählt, dass rein oberflächlich alles normal ausgesehen habe. Erst wenn man versucht mit Uiguren zu sprechen, spüre man die Angst. Um überhaupt an Informationen aus erster Hand zu kommen, hatte er einen Fragenkatalog auf Uigurisch auf seinem Handy wie »Hast Du Angst?«, »Wirst Du überwacht?«, »Warst Du im Lager?«. Im Flugzeug oder im Zug ließ er das Handy scheinbar zufällig auf den Platz seines Sitznachbarn fallen. »Jeder verstand sofort, um was es ging und nickte bei allen Fragen.«

Genozid versus »Bevölkerungsoptimierung«

»Eine andere Methode Genozid zu verhindern, wäre, und das ist das mindeste, diesen zu benennen, entweder wenn er nachgewiesenermaßen stattfindet oder ein Risiko besteht, dass er durchgeführt werden wird. «

Yonah Diamond und John Packer, Uyghur Tribunal 2021

Was sich hinter dem euphemistischen Begriff »Bevölkerungsoptimierung« verbirgt, hat in China eine lange Tradition. 1979 führte Deng Xiaoping die Ein-Kind-Politik ein, die ab 1980 auch immer strenger gehandhabt wurde. Was im Westen in manchen Kreisen als vorausschauende Bevölkerungspolitik verstanden wurde, war abgesehen davon, dass diese Maßnahmen ein massiver Eingriff in die individuelle Freiheit waren und teils zu grausamen Menschenrechtsverbrechen führten, schlicht eine gigantische Fehlplanung. Noch bis vor wenigen Jahren kam es in ländlichen Gebieten zu Zwangssterilisierungen und Abtreibungen, weil ein Paar ein zweites oder drittes Kind bekam. In den großen Städten der Ostküste lebte es sich damals schon leichter: In den vergangenen Jahren konnte, wer etwas Geld übrig hatte, auch weitere Kinder bekommen. Während arme Bauern auf dem Land teils brachial bestraft wurden, konnten sich Städter freikaufen. »Erfolg« hatte diese Politik: Die Geburtenrate sank von durchschnittlich sechs Kindern pro Frau 1979 auf unter 1,83 1995. Ohne diese Politik, schätzt man, würden heute in China 300 Millionen mehr Menschen leben.

Lücken hatte die Ein-Kind-Politik allerdings von Anfang an gehabt. Die 55 als Minderheiten anerkannten Volksgruppen der Volksrepublik, darunter die Uiguren, waren von dieser Regelung ausgenommen. Lange Zeit durften Bauern auch zwei Kinder bekommen, wenn das erste Kind ein Mädchen war. Das lag daran, dass traditionell nur männliche Nachkommen den Hof erben konnten. Diese Praxis (und die massenhafte Abtreibung von weiblichen Föten) hatte zur Folge, dass heute ein extremes Ungleichgewicht zwischen Männern und Frauen im heiratsfähigen Alter herrscht. Rund 30 Millionen Männer werden in den kommenden Jahren keine Frau finden. Hinzu kommt ein demographisches Problem: China steht heute vor sehr ähnlichen Herausforderungen wie westliche Volkswirtschaften: Die Gesellschaft überaltert und damit nimmt die wirtschaftliche Dynamik ab. Das hat die KPCh veranlasst, die Ein-Kind-Politik 2015 durch eine Zwei-Kind-Politik zu ersetzen, und den Eingriff in die Familienplanung ab 2020 völlig auszusetzen.

All dies macht deutlich, wie die Entscheider in Peking denken. Die individuelle Freiheit ist kein Wert an sich, auf den die Politik reagiert und der auf sie vielleicht mäßigend einwirkt. A priori stehen die Pläne der Kader und nach denen haben sich die Menschen zu richten. Der Blick auf die eigene Bevölkerung entspricht nicht der eines gewählten Repräsentanten auf mündige, gleichgestellte Bürger. Er ähnelt eher dem eines Viehzüchters auf die eigene Herde: Deren Zusammensetzung kann verändert, optimiert und gesteuert werden. Die Rechte des Individuums spielen dabei keine Rolle. Diese Gedankenwelt ermöglicht erst die Geschehnisse in Xinjiang und sind Voraussetzung dafür, sie entsprechend einzuordnen.

2014 besuchte der amtierende Präsident Xi Jinping die Region, um sich selbst ein Bild der Lage zu machen. In den

Monaten zuvor war es mehrfach zu Attentaten in Xinjiang selbst, aber auch in anderen Provinzen der Volksrepublik gekommen. Die Rede, die Xi dann hielt, macht deutlich, was er als Ursache des Problems sah: nicht die Diskriminierung der Minderheit oder die Wünsche nach mehr kultureller Autonomie der Uiguren, sondern eine nicht optimale Bevölkerungszusammensetzung. Xinjiang müsse von »Bevölkerungen minderer Qualität und von Menschen mit negativer Energie gesäubert werden«.

Der stellvertretende Parteisekretär der Bingtuan meinte dazu: »Das Problem im Süden Xinjiangs ist hauptsächlich die unausgewogene Bevölkerungsstruktur. Bevölkerungsanteil und Bevölkerungssicherheit sind wichtige Grundlagen für langfristigen Frieden und Stabilität. Der Anteil der Han-Bevölkerung im Süden ist mit weniger als 15 Prozent zu gering. Das demographische Ungleichgewicht ist das Kernproblem.«

Dabei ist es keine neue Entwicklung, dass Peking die Situation in der Provinz und die seiner Bevölkerung gestalten will. Seit Gründung der Volksrepublik 1949 betreibt Peking in Xinjiang eine aktive Siedlungspolitik, bei der Jahrzehnte lang Han-chinesische Siedler mit Anreizen in die Region gelockt wurden. Diese Politik war im Großen und Ganzen erfolgreich: 1949 waren 6,7 Prozent der Bevölkerung Han-chinesisch. Bis 1978 war dieser Teil auf 41 Prozent angewachsen. Dieses Wachstum aber stagnierte in den kommenden Jahren. Zum einen lag das daran, dass die Uiguren von der Ein-Kind-Politik ausgenommen waren, zum anderen war Xinjiang für viele Chinesen auch trotz höherer Gehälter und Sonderzahlungen nicht besonders attraktiv. In den boomenden Städten der Ostküste ließ sich in den kommenden drei Jahrzehnten wesentlich mehr Geld verdienen. Die Zahlen hierzu sind gut belegt: Zwischen 2005 und 2015 wuchs die uigurische Bevölkerung mit dem Faktor 2,6 schneller als die chinesische. Der chinesische Bevölkerungsanteil war auf 30 Prozent geschrumpft. Nur der Zuzug von zwei Millionen neuen Siedlern konnte ihn wieder bei 40 Prozent stabilisieren.

Allerdings wurde den Planern in Peking relativ schnell klar, dass die permanente Ansiedlung von Han-Chinesen langfristig nicht das erwünschte Ergebnis erzielen würde. Xinjiang galt und gilt trotz zahlreicher Werbekampagnen als kein erstrebenswerter Wohnort. Und während zwei Millionen Menschen vom Osten in die Region gelockt werden konnten, verließen im selben Zeitraum 860 000 Menschen Xinjiang in die gegengesetzte Richtung. Hinzu kam: Infrastruktur und Landwirtschaft ließen auch keine unbegrenzte Zahl an Neuansiedlungen zu. Laut chinesischen Studien galt die Region um das südliche Tarimbecken schon 2015 als »überbevölkert«. Eine Anhebung der Han-Bevölkerung musste also auf Kosten der Uiguren gehen. Bis 2040 – so der Plan – sollte die Zahl von 9,5 auf 9 Millionen gesenkt werden. Ohne Geburtenkontrolle aber würde die uigurische Bevölkerung auf 13,1 Millionen anwachsen. Es ging also darum, 4,1 Millionen Geburten zu verhindern.

Das ist der Hintergrund der massenhaften Zwangssterilisierungen, die ab 2015 einsetzen. Ab 2016 fällt in ganz China die Zahl der Sterilisationen von 150 auf 30 pro 100 000 Frauen, in Xinjiang aber steigt sie von 30 auf 250. Zeitgleich wurden Ehen zwischen Han-Männern und uigurischen Frauen propagiert.

Im Mai 2018 zum Beispiel veröffentlichte der Landkreis Qiemo eine Bekanntmachung, wonach Frauen, die mehr als zwei Kinder hätten, sich sterilisieren lassen müssen. Außerdem hätten die Frauen sich »einer Ausbildung und eines Trainings« zu unterziehen, was nichts anderes heißt als die

Einweisung in ein Lager. Die geleakten Dokumente der »Karakax-Liste« belegen, dass dies der häufigste offizielle Grund für eine Einweisung war, und dass sich unter den Eingewiesenen aber auch zahlreiche Frauen befanden, die nur ein Kind hatten. Nebenbei stieg auch die Zahl von in normalen Gefängnissen inhaftierten Uiguren sprunghaft an. 2017 wurden zehnmal mehr Uiguren eines Verbrechens für schuldig befunden als im Jahr zuvor. Insgesamt wurden in Xinjiang zwischen 2017 und 2018 230 000 Menschen, meist Männer, verurteilt. Sean Roberts merkt an, dass nicht alle davon tatsächlich Uiguren waren und nicht alle eine Gefängnisstrafe erhielten. Die Tatsache, dass sich unter den Verurteilten aber viele Professoren, Musiker und Intellektuelle befinden, deutet darauf hin, dass man diese Personengruppe von den Lagerinsassen fernhalten möchte, um die kulturelle Auslöschung nicht zu gefährden.

Diese Art der »Bevölkerungsoptimierung« ist aus chinesischer Sicht ein Erfolg: Die Geburtenraten der Uiguren fallen seit 2017, in den zwei größten uigurischen Präfekturen sogar um 84 Prozent. Allein 2019 sollen 34 Prozent aller uigurischen Frauen auf dem Land sterilisiert worden sein. In anderen Regionen lag dieser Anteil noch höher. Durch die Inhaftierung der Männer wurde zudem die »Fortpflanzungsfähigkeit unterbunden«, so dass »keine Reproduktion innerhalb der Gruppe möglich gewesen sei«, heißt es einem Papier des Bundestages.

Ein kurzer Themensprung an dieser Stelle. So zynisch es klingen mag, die Tötung oder Ermordung einer großen Gruppe von Menschen, deren Kultur, Sprache und Lebensweise gleich sind, gilt nicht automatisch als Völkermord. Diesen Strafrechtsbestand gibt es seit 1948 und er setzt eine Absicht voraus. Es gibt derzeit rund ein Dutzend anerkannte Genozide in der jüngeren Geschichte. Zu den bekanntesten gehören der Völkermord an den Armeniern 1915/1916 durch das Osmanische Reich, der Holocaust und der Völkermord in Ruanda 1994. Der jüngste Genozid sind die Angriffe auf die Jesiden durch den Islamischen Staat 2014.

Die Konvention über die Verhütung und Bestrafung des Völkermordes ist von über 150 Staaten, darunter auch der Volksrepublik China, ratifiziert und ins nationale Recht übernommen worden.

Ein Völkermord bezeichnet laut Strafgesetzbuch die Absicht, »eine nationale, rassische, religiöse oder ethnische Gruppe als solche ganz oder teilweise zu zerstören«. Strafbar macht sich, wer 1. ein Mitglied der Gruppe tötet, 2. einem Mitglied der Gruppe schwere körperliche oder seelische Schäden, insbesondere der in §226 des Strafgesetzbuches (Anm. d. Verf.: schwere Körperverletzung) bezeichneten Art, zufügt, 3. die Gruppe unter Lebensbedingungen stellt, die geeignet sind, ihre körperliche Zerstörung ganz oder teilweise herbeizuführen, 4. Maßregeln verhängt, die Geburten innerhalb der Gruppe verhindern sollen, 5. ein Kind der Gruppe gewaltsam in eine andere Gruppe überführt.«

Wichtig für die Bezeichnung »Völkermord« ist demnach die Absicht, eine bestimmte Gruppe auszulöschen. Tatsächlich weist Peking den Begriff »Genozid« immer wieder vehement von sich, schließlich gehe es ja nicht um die Zerstörung einer ethnischen, religiösen oder kulturellen Minderheit, sondern lediglich um die Ausbildung und Terrorismus-Prävention einiger Individuen. Und tatsächlich sind keine Massenmorde oder Massaker an Uiguren dokumentiert. Die an Folter verstorbenen Menschen in den Lagern mögen Straftatsbestände wie Verbrechen an der Menschlichkeit erfüllen,

aber entsprechen nicht den für Genozide typischen
morden. Schließlich weist Peking auch darauf hin, d
unter dem Sicherheitspersonal, den Wärtern und auc
politischen Führungsebene der Provinz ja auch viele Uiguren befänden. Die Zwangsarbeit deutet die KPCh als Programme zur Armutsbekämpfung um.

Tatsächlich gehen die Meinungen unter (juristischen) Experten etwas auseinander, ob die Ereignisse in Xinjiang als »Völkermord« einzuordnen sind. Eine Anhörung im Bundestag im Mai 2021 kam zu unterschiedlichen Ergebnissen: Dr. Norman Paech, emeritierter Professor für Politikwissenschaft und Öffentliches Recht an der Universität Hamburg, meinte, bislang keine belastbaren Beweise für umfassenden Freiheitsentzug, für systematische Verfolgung und Folter erkennen zu können. Zynisch angesichts der Faktenlage räumte Paech zwar ein, dass »im Zuge des Kampfes der chinesischen Regierung gegen sich radikalisierende ›fundamentalistische Muslime‹ in Xinjiang Menschenrechte sehr wahrscheinlich verletzt worden seien«, nur »Großverbrechen« wie Völkermord oder Verbrechen gegen die Menschlichkeit bezweifele er. Immerhin waren sich alle Befragten darin einig, dass es sich um massive Verbrechen gegen die Menschlichkeit handelt.

Sean Roberts spricht konsequent von einem »kulturellen Genozid«, dessen primäres Ziel es sei, über die Ansiedlung von Han-Chinesen die historisch lose mit China verbundene Region fest an Peking zu binden. Roberts zieht deswegen vor allem Vergleiche mit dem aggressiven Vorgehen europäischer Siedler in ehemaligen Kolonien wie den heutigen USA (was wiederum von der chinesischen Propagandamaschinerie ausgeschlachtet wird). Auch Adrian Zenz schließt sich Roberts an: »China geht es dabei – anders als beim Holocaust – aber nicht darum, ethnische Minderheiten zu eliminieren. Sondern es geht darum, sie langfristig und auf eine ganz intensive Art und Weise in den chinesischen Staat zu integrieren. Kulturell, religiös, sprachlich, in jeder Hinsicht. Es handelt sich um einen kulturellen Genozid.«

In einem Interview mit der *Neuen Zürcher Zeitung* vom März 2021 sagte er, die herkömmliche Definition des Völkermordes sei angesichts der modernen Methoden der chinesischen Führung nicht mehr zeitgemäß. Für die Vorgänge in Xinjiang schlägt er den Begriff »Ethnozid« vor.

Tatsächlich scheint einiges darauf hinzudeuten, dass die exakte juristische Definition von »Völkermord« für die Geschehnisse in Xinjiang nicht erfüllt ist. Peking bedient sich in Xinjiang Methoden des 21. und nicht des 20. Jahrhunderts. Eine lückenlose Überwachung, Zwangssterilisierungen, Zerstörungen von Friedhöfen, Moscheen und Heiligtümern und vor allem die rigorose Gehirnwäsche und Entwurzelung von Menschen, die den Horror der Lager durchlaufen haben, führt am Ende zu ähnlichen Ergebnissen wie der Holocaust – nur eben leiser, schleichender, »smarter«, wenn man so will. »Optimierung« anstatt Massenmord.

Auf der anderen Seite gelten die Ereignisse in sieben Ländern als Völkermord: In Kanada, den USA, den Niederlanden, Großbritannien, Belgien, Litauen und in Tschechien. Dass ausgerechnet Deutschland sich mit einer klaren Haltung so schwertut, ist nicht nur, aber auch wegen der deutschen Geschichte beschämend.

Und doch ist es wichtig, sich nicht in juristischen Debatten zu verzetteln. Die Fakten liegen auf dem Tisch, die Geschehnisse in Xinjiang sind gut dokumentiert. »Eine passive Zuschauerrolle wäre für unser Land ein Akt unentschuldbarer Verantwortungslosigkeit«, sagte Zenz abschließend bei seiner Anhörung im Bundestag im Mai 2021.

Was könnten Konsequenzen sein? Zum einen sollten sich westliche Unternehmen aus der Region zurückziehen und ihre Lieferketten überprüfen. Dass dies nicht leicht ist, wurde bereits beschrieben. Moralisch aber muss sich nicht nur, aber gerade auch ein deutscher Konzern wie Volkswagen die Frage stellen, ob man sich angesichts der eigenen deutschen Geschichte unwissend stellen kann, beziehungsweise auf den Standpunkt zurückziehen kann: Bei uns werden ja keine Zwangsarbeiter beschäftigt.

Ein Boykott der Olympischen Winterspiele 2022 in Peking kann ebenfalls Zeichen setzen. Richtig ist auch, dass ein solcher Boykott in Teilen der chinesischen Gesellschaft die ohnehin durch Propaganda schon massiv nationalistisch aufgeheizte Stimmung wahrscheinlich verschärfen würde. Viele Chinesen würden sich daraufhin in ihrem Glauben, der Westen führe einen Wirtschafts- und Propagandakrieg, um das Land am Aufstieg zu hindern, bestätigt fühlen. Richtig ist auch, dass das Regime in Peking zurückschlagen wird. Der Chefredakteur der chinesischen Zeitung *Global Times*, Hu Xijin, kündigte bereits auf Twitter prophylaktisch an: Man werde jedes Land sanktionieren, das sich einem Boykott anschließt. Das sind keine hohlen Drohungen. Dass die KPCh es ernst meint, hat sie mehrfach bewiesen. Zuletzt traf es Australien. Nachdem die Regierung eine ordentliche Aufklärung der Geschehnisse in Wuhan im Dezember 2019 gefordert hatte, verhängte das Regime einen (inoffiziellen) Boykott gegen australischen Wein und Kohle. In der Folge stauten sich die Containerschiffe im Gelben Meer. Würden sich deutsche Politiker dazu durchringen, zu sagen, was ist, und beispielsweise die Olympischen Spiele boykottieren, würde es mit hoher Wahrscheinlichkeit eine wirkungsvolle Kampagne gegen deutsche Autohersteller geben.

Nur: Die Frage, was eine Maßnahme bringt, kann nicht an erster Stelle stehen, wenn man sich nicht völlig in utilitaristischen Planspielen verlieren will. Vielmehr geht es darum: Was halten wir für richtig, und wie bringen wir es zum Ausdruck? Im Falle der Uiguren wären klare Worte, Unrecht zu benennen und ein sofortiges Ende zu fordern, der erste Schritt. Das können und sollten wir sowohl von Politikern als auch Unternehmern fordern.

Wir müssen auch davon ausgehen, dass Völkermorde nicht mehr so vonstattengehen wie Mitte des 20. Jahrhunderts. Die kommunistische Partei greift heute auf ein Arsenal an technischen Möglichkeiten zurück, so dass die von ihr gewünschten Ergebnisse auch ohne Gaskammern und Leichenberge erreicht werden können. Der Genozid des 21. Jahrhunderts ist ein »smarter Genozid«. Er geschieht leise und mit Mikrochips, Überwachungskameras, Gesundheitstest und Injektionen. Das Leid, das er verursacht, ist deswegen nicht weniger groß.

Was wir tun können

»Der effektivste Weg, Menschen zu zerstören, besteht darin, ihr eigenes Verständnis ihrer Geschichte zu leugnen und auszulöschen.«

George Orwell, 1984

Es war im Jahr 2008, als der chinesische Generalkonsul ohne Voranmeldung in das Büro von Margarete Bause stürmte. Die Politikerin saß damals für die Fraktion der Grünen im Bayerischen Landtag. Der Mann, erinnert sich Bause 13 Jahre später in einem Schwabinger Café, war sehr aufgebracht und warnte sie eindringlich davor, zu dieser Veranstaltung des Weltkongresses der Uiguren zu gehen: Es handele sich um Terroristen. Er legte zum Beweis ein Dossier auf den Tisch. Dann stellte sich der Mann als chinesischer Generalkonsul vor.

Bause wusste zunächst nicht, von was er sprach. »Man bekommt als Politikerin ja ständig Einladungen und mit Aussortieren kommt man manchmal gar nicht mehr hinterher. Und schließlich fragte ich mich: Woher weiß der chinesische Generalkonsul, dass der Weltkongress der Uiguren mich zu einer Veranstaltung eingeladen hat?«

Bause hatte den Verdacht, dass ihre E-Mails gelesen werden, und stellte Strafanzeige. Und sie begann sich mehr mit dem Thema der Uiguren zu befassen. Heute ist sie mit ihrem Parteikollegen Reinhard Bütikofer und Norbert Röttgen (CDU) die Politikerin, die sich am meisten für deren Belange einsetzt und eine klarere Haltung Deutschlands gegenüber Peking fordert.

Vor 15 Jahren war sie noch ziemlich alleine. China lockte mit dem größten Binnenmarkt der Welt, mit Millionen von Konsumenten, alle gierig auf deutsche Autos. Es galt die Devise »Wandel durch Handel«: Mit dem Erstarken der Mittelschicht in China würde sich auch das politische System öffnen und liberalisieren. Schließlich würden aufgeklärte Konsumenten auch mehr politische Freiheit verlangen. Und so konnten deutsche Unternehmen auch jahrelang beste Geschäfte machen mit einem Regime, das auch damals massive Menschenrechtsverletzungen beging. Es galt das »Prinzip Hoffnung«. »Das ist spätestens seit dem Amtsantritt von Xi Jinping überholt. Die KPCh tritt heute mit unerbittlicher Härte gegen Kritiker im Inneren und mit zunehmender Aggression nach außen auf. Die EU hat das viel zu lange hingenommen«, sagt Bause. »Viele europäische Staaten warten darauf, dass Deutschland ein klares Signal setzt. Doch in Berlin heißt die Linie noch immer: Besorgnis äußern, auf Dialog setzen, keine wirklichen Konsequenzen.«

Bauses Erklärung für dieses jahrelange Lavieren ist der große Einfluss der Autolobby in Deutschland. »Der Grund für das zögerliche Verhalten der EU ist die deutsche Regierung. Der Grund für das zögerliche Verhalten der deutschen Regierung ist der Einfluss der Autolobby. Die Autolobby ist maßgeblich von Volkswagen geprägt, an der die deutsche Regierung durch das Bundesland Niedersachsen beteiligt ist. Die Rolle der deutschen Autoindustrie ist dabei völlig überbewertet. Die Branche überschätzt ihre eigene Bedeutung. Die Interessen von VW sind nicht deckungsgleich mit den Interessen Deutschlands. Uns geht es auch um Sicherheit und darum, unser politisches System und unsere Werte zu verteidigen.«

Noch immer aber werben Vertreter der deutschen Autoindustrie für die alte Losung, wonach man den »gigantischen

Wachstumsmarkt« umwerben müsse und sich auf keinen Fall einer von den USA angeführten Allianz gegen die Volksrepublik anschließen dürfe.

Der Autoexperte und heutige Direktor des Center Automotive Research (CAR) in Duisburg, Ferdinand Dudenhöfer, schrieb noch im September im *Handelsblatt* über China: »Größter Binnenmarkt, schnellstes Wirtschaftswachstum, größte Technologie-Offenheit und Freude am wirtschaftlichen Erfolg – sämtliche Indikatoren sprechen dafür, dass es weiter steil nach oben geht.« Ohne Namen zu nennen, gibt der Autor die Meinung vieler deutscher Manager von Automobilkonzernen wieder: »Meine Gesprächspartner leben nicht in China und wissen, dass ich ihre Einschätzungen nur anonymisiert wiedergeben würde. Das verdeutlicht umso mehr, wie sehr sie von Chinas Politik überzeugt sind. Ihren Stolz auf die bisherigen Errungenschaften der Kommunistischen Partei (KPCh) verbinden sie mit der Zuversicht, dies werde in Zukunft nicht anders sein.« Diese Einschätzung war vor zehn Jahren noch einigermaßen vertretbar. Die Hoffnungen, dass sich das politische System mit steigendem Wohlstand liberalisieren würde, waren gerade in der deutschen Wirtschaft groß – und teilweise berechtigt. Heute aber hat die Realität solche Wünsche längst eingeholt.

»Der Druck der Kommunistischen Partei Chinas ist längst über die chinesischen Landesgrenzen hinweg spürbar, das ist besorgniserregend«, sagt Bause. Sie weiß, wovon sie spricht. Durch ihr Engagement für die Uiguren ist Bause zur Persona non grata geworden.

Im Sommer 2019 war sie Teil des Digitalausschusses, der nach China eingeladen worden war. Als die zuständigen Beamten ihren Namen auf der Liste sahen, verweigerten sie

Bause die Einreise. Die Delegation des Bundestags erklärte sich schließlich solidarisch mit Bause und lehnte es ab, etwas an der Teilnehmerliste zu ändern. Die Reise fand nicht statt. Als sie eine Debatte im Bundestag über die Menschenrechtsverletzungen in Xinjiang initiierten, erhielten die Initiatoren Schreiben und Anrufe von der chinesischen Botschaft, das zu unterlassen.

Dabei geht es ihr und anderen Politikern, die sich im Westen für die Belange der Uiguren einsetzen, nicht um ein radikales »Decoupling«, also um einen Abbruch der Wirtschaftsbeziehungen. Nur sollte man die wirtschaftliche Verflechtung mit China auch als Druckmittel begreifen und einsetzen.

Wie auch Mareike Ohlberg, die Autorin des Buches »Die lautlose Eroberung. Wie China westliche Demokratien unterwandert und die Welt neu ordnet«, ist Bause der Meinung, dass Deutschland seinen Einfluss unterschätzt. »Unsere wirtschaftliche Abhängigkeit von Peking ist längst nicht so groß, wie uns das Vertreter der Autoindustrie glauben machen wollen. Studien zufolge hängen 2,3 Prozent der deutschen Arbeitsplätze am Export nach China. Und umgekehrt gilt, die Volksrepublik ist wirtschaftlich mindestens genauso auf Europa angewiesen.«

Im Übrigen könnte auch die deutsche Automobilindustrie in China in ein paar Jahren ohnehin wie ein begossener Pudel dastehen: Peking ist längst dabei, seine Fahrzeugflotte auf Elektromobilität umzustellen. Das jahrzehntelang benötigte Know-how aus Deutschland, um Verbrennungsmotoren und Maschinen zu bauen, kann sich bald als wertlos erweisen, und somit die bisher ständig gestiegenen Absatzzahlen deutscher Autohersteller einbrechen lassen.

Unverständlich insofern ist auch, wie die EU, vor allem auf Drängen Angela Merkels, noch vor der US-Wahl das

Handelsabkommen mit China, das sogenannte Comprehensive Agreement on Investment (CAI), abschließen wollte. Die Verhandlungen über das Abkommen hatten sich seit 2013 hingezogen und bis zum Schluss war es die chinesische Regierung gewesen, die sich gegen das Abkommen gesträubt hatte. Dabei sieht der Vertrag vor allem mehr Symmetrie in den Handelsbeziehungen vor. Dazu gehören das Verbot von erzwungenem Technologietransfer, Transparenzauflagen für Subventionen im Dienstleistungssektor und weniger Unterstützung für die immer noch riesigen chinesischen Staatsunternehmen. Kurzum: Die Vorteile, die chinesische Unternehmen in der EU genießen, sollen gleichermaßen für europäische Unternehmen auch in China gelten. Wie erwartet wehrte sich die chinesische Regierung mit Händen und Füßen gegen den Passus, der sich klar gegen Zwangsarbeit aussprach. Zum Glück ist die Ratifizierung des Abkommens im Europäischen Parlament ins Stocken geraten.

Nötig wäre auch eine Abkehr der Hinterzimmer-Diplomatie. Seit Jahren bittet, drängt und fordert Peking, Kritik am politischen System bitte nur unter Ausschluss der Öffentlichkeit zu äußern. Alles andere könnte »die Gefühle des chinesischen Volkes verletzen«. Westliche Politiker glauben gerne, es sei ein Kennzeichen der chinesischen Kultur, niemanden »das Gesicht verlieren zu lassen«, also niemanden öffentlich zu beschämen. Dabei ist es ausgerechnet die kommunistische Partei Chinas selbst, die auf Techniken der öffentlichen Beschämung zurückgreift, wann immer es darum geht, Kritiker mundtot zu machen.

»Wir brauchen deutlich mehr Transparenz im Umgang mit China. Wir müssen klarer machen, was hinter Wissenschaftskooperationen, Konfuzius-Instituten und anderen Formen der Zusammenarbeit wirklich steckt«, sagt Bause.

Und schließlich muss auch und vor allem der Druck auf deutsche Unternehmen steigen. Erste Schritte gibt es. Anfang Dezember 2020 reichte das European Center for Constitutional and Human Rights« (ECCHR) eine Anzeige beim Generalbundesanwalt ein. Sie betrifft fünf deutsche Konzerne, darunter den Discounter Lidl. Der Vorwurf: Verantwortliche Mitarbeiter hätten sich »der Beihilfe zum Verbrechen gegen die Menschlichkeit der Versklavung verdächtig« gemacht. Die Unternehmen hätten in den vergangenen Jahren direkte oder indirekte Lieferbeziehungen zu Textilfirmen in Xinjiang unterhalten, bei denen es Hinweise dafür gibt, dass sie Zwangsarbeiter beschäftigt haben. Fraglich mag sein, ob Vorwürfe gegen Einzelpersonen etwas an der Gesamtsituation ändern können. Tatsache aber ist, dass solche Aktionen den Druck auf Unternehmen erhöhen und diese sich nicht mehr damit herausreden können, »man selbst beschäftige ja keine Zwangsarbeiter«. Fakt ist derzeit, dass jedes Unternehmen, das gerade in Xinjiang produziert, direkt oder indirekt in die Menschenrechtsverletzungen dort verstrickt ist.

Das Lieferkettengesetz, welches nun am 1. Januar 2023 in Kraft treten soll, ist so gesehen auch ein wichtiger Schritt in die richtige Richtung. Leider ist zu befürchten, dass es in Bezug auf Xinjiang zu spät kommt. Wie im vorherigen Kapitel erwähnt, dürften in Zukunft in der Region Menschenrechtsverletzungen weniger sichtbar geschehen. Zudem lässt das Gesetz mit einer Beschränkung der Gültigkeit für Unternehmen mit mindestens 500 Mitarbeitern Raum für Schlupflöcher. Merkel hatte sich zunächst gegen den Entwurf gewehrt, gab dann aber dem zunehmenden Druck nach. Laut Umfragen wird das Gesetz von 75 Prozent der Bevölkerung, zahlreichen NGOs und Kirchenverbänden befürwortet und unterstützt. Mittlerweile fordert sogar der Bundesverband der deutschen Industrie (BDI) ein schärferes Vorgehen gegen China. »Für Politik wie für Unternehmen gilt, dass sie ihre roten Linien kennen müssen, hinter die man nicht zurückgeht«, sagte BDI-Präsident Siegfried Russwurm in einem Interview mit der *dpa*. »Ein Unternehmen kann nicht das Risiko akzeptieren, dass in seiner Wertschöpfungskette Zwangsarbeit oder Kinderarbeit passieren. Da muss jedes Unternehmen für sich seine roten Linien finden.«

Es gibt keine eindeutige Handlungsanweisung, was angesichts der Menschenrechtsverbrechen zu tun ist. Es gibt kein Protokoll, dessen Schritte zu befolgen sind, oder eine Checkliste, die abzuarbeiten ist. Das liegt zum einen daran, dass sich der »kulturelle Genozid« in Xinjiang teils durch bewusste Anstrengungen seitens Pekings herkömmlichen Definitionen entzieht. Und ist es wahrscheinlich immer nur rückblickend zu erkennen, was zu tun gewesen wäre. Auch im Falle des Nationalsozialismus entschieden sich Großbritannien und Frankreich zunächst für eine »Appeasement-Politik«, die sich nur wenige Jahre später als fatal herausstellte. Ebenso kann übertriebene Härte gegen ein Regime dazu führen, dass sich das Land weiter isoliert. Einerseits.

Andererseits liegen die Dinge auch recht einfach. Wir wissen, was in Xinjiang passiert. Die internationalen Unternehmen, die dort Standorte haben oder von dort Produkte beziehen, wissen es auch. Ein wirtschaftliches Engagement ist angesichts der Ereignisse dort nicht vertretbar.

Epilog

Ich habe China wahrscheinlich zum letzten Mal in meinem Leben im Herbst 2020 gesehen. Ich glaube nicht, dass mir die chinesische Regierung nach Erscheinen dieses Buches nochmals ein Visum ausstellt, und ich bin mir nicht sicher, ob ich mich im China 2022 noch sicher fühlen würde. Als ich Shanghai zunächst im Februar 2020 verließ, war über die Stadt gerade das verhängt worden, was inzwischen ein stehender Begriff ist: »Lockdown«. Hatten leere, achtspurige Straßenautobahnen damals noch etwas schaurig Faszinierendes, kennt heute die ganze Welt den Anblick still gelegter Städte. Ich verließ China mit einem Koffer, in dem aber alle wichtigen Papiere und Wertgegenstände waren. Denn ich hatte das ungute Gefühl, vielleicht nie mehr zurückzukehren. Ich flog dann im Herbst desselben Jahres nochmals dorthin, um über die Entstehung des Virus in Wuhan und den Umgang des Regimes mit der Pandemie zu recherchieren. Daraus wurde wenige Wochen später eine Titelgeschichte im *Stern*. Wohl fühlte ich mich nicht, auch wenn zu dieser Zeit in China das Leben wieder in vollen Zügen stattfand: gefüllte Restaurants und Cafés, Partys auf Dachterrassen, Menschen aus der ganzen Welt (wenn auch nur ein Bruchteil der Zeit vor der Pandemie). Es gab noch immer deutsche Geschäftsleute, die einem erzählten, wie großartig die Leistungen der chinesischen Regierung doch seien, und dass die Liberalisierung der Gesellschaft schon noch kommen werde. Das waren die Parolen früherer Jahre gewesen. »Wandel durch Handel«. Wer daran heute noch glaubt, ist blind oder dumm oder ignorant. Unter seiner jetzigen Führung wird sich China nicht öffnen.

Im Gegenteil: Es wird seine Autokratie auch in andere Länder exportieren. Dieser Prozess hat längst begonnen. Auch das Lockdown-Narrativ, wonach nur eine strikte Einschränkung des öffentlichen Lebens und persönlicher Freiheiten helfe, das Virus zu besiegen, kann man unter dieser Perspektive sehen. Indem wir uns für mehr vermeintliche Sicherheit und gegen individuelle Freiheit entschieden haben, sind wir China ein Stück ähnlicher geworden.

Denn für das Regime in Peking war die Pandemie eine großartige Gelegenheit, dem eigenen Volk und der ganzen Welt seine vermeintliche Effizienz zu präsentieren. Die Botschaft: Wir müssen Menschen- und Freiheitsrechte nicht achten, deswegen können wir die Pandemie am besten bekämpfen. Und diese Botschaft traf auf empfangsbereite Ohren. Die meisten Politiker erweitern nur zu gern ihren Gestaltungsspielraum auf Kosten der Freiheitsrechte der Bürger.

Für Peking hatten die Corona-Pandemie und die Rechtfertigung der rigorosen Maßnahmen noch einen weiteren Vorteil. Keine zwei Monate, bevor ich im Februar 2020 China verließ, war ich in Hongkong gewesen und hatte mich dort mit jungen Demonstranten, Dissidenten und Aktivisten getroffen. Die Stimmung unter ihnen war damals noch gut bis siegessicher. Im Dezember 2019 fanden in Hongkong Kommunalwahlen statt, die das Demokratielager zur Überraschung Pekings hoch gewann. Benny Tai, ein sanfter Jura-Professor an der Universität von Hongkong, war überzeugt: Die Demokratiebewegung würde diesen Kampf früher oder später gewinnen.

Die Lockdown-Maßnahmen aber bedeuteten schlagartig das Ende aller Proteste. Im Sommer 2020 wurde das Nationale Sicherheitsgesetz beschlossen. Damit war die Autonomie Hongkongs faktisch beendet. Benny Tai wurde kurz darauf seines Amtes enthoben, und seit Februar 2021 sitzt er wegen »Verschwörung« in Haft. So wie ihm geht es Tausenden, meist sehr jungen Demokratieaktivisten.

Das Ausland schaute zu. Und die KPCh unter Xi Jinping war sich ziemlich sicher gewesen, dass die USA und die EU außer ein paar Mahnungen nichts tun würden. Peking würde wieder einmal damit durchgekommen.

Die Wahrscheinlichkeit ist hoch, dass das Regime auch mit den Verbrechen in Xinjiang »durchkommt«. Die KPCh setzt darauf, dass massive staatliche Propaganda im In- und Ausland dazu führt, dass die Menschen zumindest unsicher über die Existenz der Lager und die dort begangenen Verbrechen werden. Oft genügt ein Gedanke wie »Vielleicht ist es ja nicht so schlimm …« Auch während der Proteste in Hongkong gab es zahlreiche einflussreiche Politiker und Geschäftsleute, die in der Demokratiebewegung vor allem eines sahen: Unruhestifter und Krawallmacher, die die Geschäfte schädigen. Das war genau das Bild, dass die KPCh vermitteln wollte. In Xinjiang sind es laut Propaganda rückständige Menschen, die aufgrund fehlender Bildung zum religiösen Extremismus neigen. Die Anzahl der Menschen in den Lagern wird zurückgehen, und dafür wird der Lebensstandard in der Region kontinuierlich steigen. In der Folge werden mehr Bilder und Videos von einer schönen, neuen Welt produziert werden. Noch wirkt die Propaganda plump, trotzdem verfehlt sie ihre Wirkung nicht und die Anzahl der Menschen, die glauben, dass dieses »chinesische Modell« irgendwie doch funktioniert, wird zunehmen.

Die Wahrscheinlichkeit ist hoch, dass sich das Regime in Peking daraufhin ermutig fühlen wird, das nächste Ziel anzugehen: Taiwan. Die »Wiedervereinigung« ist ein seit Langem klar formuliertes außenpolitisches Ziel der KPCh. Auf der Insel, die einst den wohlklingenden Namen »Formosa« trug, hatten sich nach Ende des Bürgerkriegs die republikanischen Truppen von Chiang Kai-shek zurückgezogen. Mit ihnen kamen rund 1,2 Millionen Beamte, Intellektuelle und Unternehmer. Sie trafen dort auf eine einheimische Bevölkerung und dieses Aufeinandertreffen war weder frei von Spannungen noch von Blutvergießen. Längst aber ist aus dem kleinen Taiwan eine solide Demokratie mit einer der erfolgreichsten Marktwirtschaften der Welt geworden. Für die Mehrheit der Taiwaner, vor allem die jungen, ist das, was Peking »Wiedervereinigung« nennt, ein Albtraum. Die Ereignisse in Hongkong haben sie nun darin bestärkt.

Wenn wir an Invasion denken, stellen wir uns oft militärisches Eingreifen vor mit vielen Toten, schrecklichen Bildern voller menschlichen Leids. Taiwan würde von den USA und deren Verbündeten mit Verbissenheit verteidigt werden. Die Ereignisse in Xinjiang deuten aber auch darauf hin, dass Peking »smarter« vorgehen wird, und sich die Situation nicht so leicht deuten lassen wird wie militärische Aktionen. Ein mögliches Szenario wären von Peking geschürte Proteste gegen die taiwanische Regierung. Das Lager in Taiwan, das eine Annäherung an Peking fordert, ist derzeit in der Minderheit, aber groß genug, um die Gesellschaft destabilisieren zu können. Dazu vielleicht gefälschte Wahlergebnisse, die überraschend zu einem Sieg der Pro-Peking-Fraktion führen. Nach gewaltsamen Zusammenstößen zwischen beiden Parteien wird der Ruf nach Ordnung lauter und man erlässt eine Art Sicherheitsgesetz nach dem Vorbild Hongkongs, das womöglich in bestimmten Kreisen in den USA und der westlichen Welt auf Verständnis stoßen wird. Schließlich haben alle ein gemeinsames Ziel: wirtschaftliche Stabilität. Unruhen beim größten Halbleiter-Produzenten der Welt wären schlecht für alle. Ohne große sichtbare Ereignisse wäre es mit der Unabhängigkeit Taiwans vorbei. Die radikalsten Vertreter eines unabhängigen Taiwans kämen für Jahre ins Gefängnis oder eben in ein »Ausbildungszentrum«, um sie zu »deradikalisieren«, Methoden, die das Regime über Jahre in Xinjiang praktiziert hat. Die westliche Welt würde sich noch lange darüber die Augen reiben und diskutieren, ob das nun die Jahrhundertveränderungen sind, von denen Xi Jinping immer wieder gesprochen hat, und am Ende würde man sich wieder für ein »Appeasement« entscheiden, um das fragile Wirtschaftswachstum nicht zu gefährden. Die Welt wäre eine fundamental andere geworden, und Jahre später würden sich Historiker fragen, wann eigentlich der Wendepunkt war. Die KPCh würde dies als neue »multipolare Weltordnung« feiern, was nett klingt, aber nichts anderes bedeutet, als dass nicht verhandelbare Menschenrechte eine Handelsware geworden sind.

Tatsache ist, dass die westliche Weltordnung, die mit all ihren Fehlern, Versäumnissen und Lügen wie den Kriegen in Irak und Afghanistan, noch immer auf den unveräußerlichen Rechten des Individuums beruht. Dies steht in krassem Widerspruch zu dem kollektivistisch-technokratischen Herrschaftsverständnis der kommunistischen Partei Chinas. In dieser Gedankenwelt ist das Individuum kein Wert an sich, sondern Mittel zum Zweck. Xinjiang, Hongkong, Taiwan – an jedem dieser Orte wird die Freiheit des Menschen bekämpft und mit jedem dieser Dominosteine stirbt diese Ordnung ein bisschen. Unveräußerliche Werte werden schwächer jedes Mal, wenn wir sie nicht verteidigen.

Ob es so weitergeht, liegt letztlich an uns. Was wir tun können, ist oft nicht viel. Aber Unrecht zu benennen, wenn es geschieht, ist der erste und wichtigste Schritt, es zu verhindern.

Quellen und Literatur

Alemdaroglu, Ayca/Tepe, Sultan: Erdogan Is Turning Turkey Into a Chinese Client State, Foreign Policy, 16. September 2020

Allen, Kerry/Williams, Sophie: The foreigners in China's disinformation drive, BBC, 11. Juli 2021

Alpetkin, Isa Yusuf: Memorandum Sent to Richard Nixon, Wilson Center Digital Archive, 12. Juli 1969

Anzeige gegen deutsche Unternehmen, Tagesschau, 5. September 2021

Aust, Stefan/Geiges, Adrian: Xi Jinping – der mächtigste Mann der Welt, München 2021

Beardson, Timothy: Stumbling Giant: The Threats to China's Future, New Haven 2014

Biden, Joe: New U.S. Government Actions on Forced Labor in Xinjiang, The American Presidency Project, 24. Juni 2021

British researcher exposes Western propaganda against China, CGTN-Chanel auf Youtube, 27. März 2021

British vlogger reveals truth about Xinjiang's »concentration camps«, CGTN-Chanel auf Youtube, 3. April 2021

Brother of World Uyghur Congress President Sentenced to Life in Prison in China's Xinjiang, Radio Free Asia, 1. Juni 2021

Brunner, Katharina/Deuber, Lea/Ebert, Felix/Obermaier, Frederik/Richter, Nicolas/Wormer, Vanessa: Operation Honigbiene, Süddeutsche Zeitung, 2. Juli 2019

Byler, Darren: China's hi-tech war on its Muslim minority, The Guardian, 11. April 2019

Byler, Darren: Uyghur love in a time of interethnic marriage, SupChina, 7. August 2020

China's efforts to lift Xinjiang's economy may smother it, The Economist, 7. August 2021

China's Xi says Xinjiang is front line on terrorism, hails police, Reuters, 29. April 2014

Deuber, Lea/Giesen, Christoph: Hunderttausende Uiguren zwangsweise bei Baumwollernte eingesetzt, Süddeutsche Zeitung, 15. Dezember 2020

Deutscher Bundestag: Expertenurteile zu Menschenrechtsverletzungen an den Uiguren, 17. Mai 2021

Die Vermessung der Belt and Road Initiative: Eine Bestandsaufnahme, Mercator Institut für China-Forschung in Berlin (Merics), 7. Juni 2018

Ding, Jeffrey: Complicit – China's AI Unicorns and the Securitization of Xinjiang, ChinAI Newsletter, 24. September 2018

Doshi, Rush: The Long Game China's Grand Strategy to Displace American Order (Bridging the Gap), Oxford 2021

Dudenhöffer, Ferdinand: Eine Allianz gegen China gefährdet unsere Zukunft, Handelsblatt, 30. August 2021

Estlund, Michelle: Interpol and China – time is telling for Red Notices, Red Notice Law Journal, 5. März 2018.

Fairley, Peter: China's Most Advanced Power-Grid Tech Is in Xinjiang, But Good Luck Trying to See It, IEEE Spectrum, 21. Februar 2019

Forum zur Neuen Seidenstraße: »China will vor allem heimische Unternehmen mit Aufträgen versorgen«, Mercator Institut für China-Forschung in Berlin (MERICS), 24. April 2019

Gabriel, Sigmar: Dem Westen fehlt eine Strategie, die sich mit der chinesischen messen kann, Handelsblatt, 16. September 2018

Genozid in China: Hilft ein Olympia-Boykott den Uiguren?, Der Sinograph, 1. April 2021

Gießen, Christoph/Obermaier, Frederik: Deutsche Firmen unter Zwangsarbeit-Verdacht, Süddeutsche Zeitung, 4. März 2020

Goods Linked To A Group That Runs Chinese Detention Camps May Be Ending Up In US Stores, Buzzfeed, 10. August 2021

Granddaughters refute Rebiya Kadeer in exclusive interview with Global Times, Global Times Chanel auf Youtube, 10. Januar 2020

Grünberg, Nils/Wessling, Claudia/Drinhausen, Katja/Huotari, Mikko/Lee, John/Legarda, Helena: The CCP's Next Century Expanding economic control, digital governance and national security, Mercator Institut für China-Forschung in Berlin (MERICS), Juni 2021

Hamilton, Clive/Ohlberg, Mareike: Die lautlose Eroberung: Wie China westliche Demokratien unterwandert und die Welt neu ordnet, München 2020

Heide, Dana: »Lässt mich nicht kalt«: Wie deutsche Firmen in Chinas unterdrückter Provinz Xinjiang Geschäfte machen, Handelsblatt, 15. Juli 2021

Hernadez-Morales, Aitor/Mathiesen, Lau/Stuart, Giogio Leali: Fears over China's Muslim forced labor loom over EU solar power, Politico, 10. Februar 2021

Hong Kong Brings Fresh Charges Against Occupy Central Founder Benny Tai, Radio Free Asia, 26. Juli 2021

How Mass Surveillance Works in China, Human Rights Watch, 2. Mai 2019

Hvistendahl, Mara: How Oracle Sells Repression in China, The Intercept, 18. Februar 2021

Ilham Tohti: Uighur activist's daughter fears for his life, BBC, 18. Dezember 2009

Inside a Chinese Propaganda Campaign, New York Times, 22. Juni 2021

Introvigne, Massimo: Digitaler Maoismus: Der neue Personenkult um Xi Jinping, Bitter Winter, 21. Februar 2019

Jinping, Xi: China regieren, Rödermark 2014

Kadeer, Rebiya: One on One, Al Jazeera Youtube-Chanel, 10. Oktober 2010

Kadeer, Rebiya: I Can't Say The Struggle Will Always Be Peaceful, Radio Free Europe, 27. Februar 2011

Katar springt Türkei mit Milliarden-Investitionen zur Seite, Reuters, 16. August 2018

Khatchadourian, Raffi: Surviving the Crackdown in Xinjiang, The New Yorker, 12. April 2021

Kirchner, Ruth: VW hält an Werk in Uiguren-Region fest, Tagesschau, 16. November 2020

Mattheis, Philipp: Exil-Uiguren: »Sanktionen sind der einzige Weg, China zu stoppen«, Interview mit Dolkun Isa, Der Standard, 15. März 2021

McGregor, Richard: The Party: The Secret World of China's Communist Rulers, New York 2010

Miller, Tom: China's Urban Billion: The Story behind the Biggest Migration in Human History, London 2012

Müller, Matthias: Sing mit Xi Jinping, Neue Zürcher Zeitung, 12. März 2016

Ortmann, Stephan/Thompson, Mark R.: Introduction: The »Singapore model« and China's Neo-Authoritarian Dream, The China Quarterly Bd. 236, Cambridge, 28. Mai 2018, S. 930–945

Osnos, Evan: Age of Ambition. Chasing Fortune, Truth, and Faith in the New China, New York 2015

Overton, Thomas: The Energy Industry in Xinjiang, China: Potential, Problems and Solutions, Power Mag, 1. Januar 2016

Peking mahnt München-Touristen zur Vorsicht, Süddeutsche Zeitung, 12. Juli 2009

Peking wirft Exil-Uiguren Verschwörung vor, Spiegel Online, 6. Juli 2009

Problemfall China: Deutsche Industrie fordert »rote Linien«, Handelsblatt, 4. September 2021

Rahmanov, Akhmed: Die uigurische Diaspora in der Türkei: Herkunft (1/3), Novastan, 4. Dezember 2017

Roberts, Sean: The War on the Uyghurs: China's Internal Campaign against a Muslim Minority, Princeton 2020

Shichor, Yitzhak: Changing the Guard at the World Uyghur Congress, China Brief Volume 6, Issue 25. Jamestown Foundation. 19. Dezember 2006

Shun, Desmond: Red Roulette. An Insider's Story of Wealth, Power, Corruption and Vengeance in Today's China, New York 2021

Sister of Uyghur Rights Advocate Rebiya Kadeer Confirmed to Have Died After Release From Detention, Radio Free Asia, 11. Mai 2021

Sri Lanka hands over port to China to pay off debt, The National News, 11. September 2018

Strittmatter, Kai: Die Neuerfindung der Diktatur: Wie China den digitalen Überwachungsstaat aufbaut und uns damit herausfordert, München 2018

The Uyghur Tribunal, uyghurtribunal.com

The Xinjiang Crisis: Genocide, Crimes Against Humanity, Justice, Asian Studies Research Group, 1. September 2021

Tribunal to examine China genocide allegations begins as Beijing slams ›farce‹ hearing, Washington Post, 4. Juni 2021

Turkish leader calls Xinjiang killings »genocide«, Reuters, 10. Juli 2009

Türkei: Beweise für Waffenschmuggel nach Syrien, Der Standard, 29.Mai 2015

Über den Drahtzieher hinter den Lügen um den angeblichen »Genozid« usw. in Xinjiang, Website der chinesischen Botschaft in Deutschland, 19. März 2021

US Universities And Retirees Are Funding The Technology Behind China's Surveillance State, Buzzfeed News, 30. Mai 2019

Weiss, Suzy: Bearing Witness to China's ›Orwellian Dystopia‹, bariweiss.substack.com, 29. Juli 2021

Werleman, CJ/Denkinson, Katherine: Chinese Social Media Campaign Gaslights Uyghur Genocide, Byline Times, 28. Juli 2021

Whistleblower setzen chinesisches Regime unter Druck, Die Welt, 19. Februar 2020
Wirtschaftliche Annäherung: China fasst in Europa Fuß durch Investitionen in der Türkei, Frankfurter Rundschau, 25.9.2020
Within German guy's vision of Xinjiang. Story of Xinjiang by Guli, Youtube, 1. Juni 2021
World Uyghur Congress a US-backed network seeking the ›fall of China‹: US news website, Global Times, 15. März 2020
Xi Jinping ordnete die Unterdrückung der Uiguren direkt an, Tagesspiegel, 16. November 2019
Xinjiang cotton: Western clothes brands vanish as backlash grows, BBC, 26. März 2021
Yew, Lee Kuan: The Grand Master's Insights on China, the United States, and the World, Cambridge 2013
Zenz, Adrian: Es handelt sich um kulturellen Genozid, Tagesschau, 24. November 2019
Zenz, Adrian: Beijing Plans a Slow Genocide in Xinjiang, Foreign Policy, 8. Juni 2021
Zenz, Adrian: Sterilizations, IUDs, and Coercive Birth Prevention: The CCP's Campaign to Suppress Uyghur Birth Rates in Xinjiang, China Brief Volume: 20, Issue: 12, 15. Juli 2020
Zenz, Adrian: Genozid ist das einzige Wort, das für die Uiguren richtig ausdrückt, was sie als Volk durchmachen, Neue Zürcher Zeitung, 19. März 2021
Zhangrun, Xu: Viral Alarm: When Fury Overcomes Fear, China File, 10. Februar 2020

Dank

Aus Xinjiang zu berichten, ist in den vergangenen Jahren immer schwieriger geworden. Doch ohne die Arbeit von China-Korrespondenten wüssten wir noch weniger über die Ereignisse.

Dieses Buch ist auch eine Zusammenfassung und Verkürzung von verschiedenen Berichten, die Reporter, Korrespondenten, Fotografen und Kollegen in den vergangenen Jahren teils unter Strapazen erstellt haben. Danke deswegen vor allem an Christoph Giesen, Steffen Wurzel, Eva Rameloo, Lorenz Huber, Dana Heide, Patrick Wack, Harald Maass, Kai Strittmatter, Lea Deuber, Janis Vouioukas, Georg Fahrion, Michel Peuker, Simon Leplâtre, Ozgur Baykal und Hendrik Ankenbrand.

Danke an das Weltreporter-Netzwerk, besonders an Marc Engelhardt, der den Kontakt für dieses Buch herstellte.

Danke an Marlene O., die mich seit 2012 immer wieder mit Kontakten und Hintergrundwissen versorgte, und heute zum Glück in Sicherheit ist. Danke an Ali für die fünf Kilo Mandarinen. Ich hoffe, Du bist in Sicherheit.

Danke an Dolkun Isa vom Weltkongress der Uiguren und an Adrian Zenz für ihre Arbeit und ihre Zeit.

Danke an meine Lektoren Christof Blome und Birgit Schmitz für ihre Geduld.

Danke an Camille.

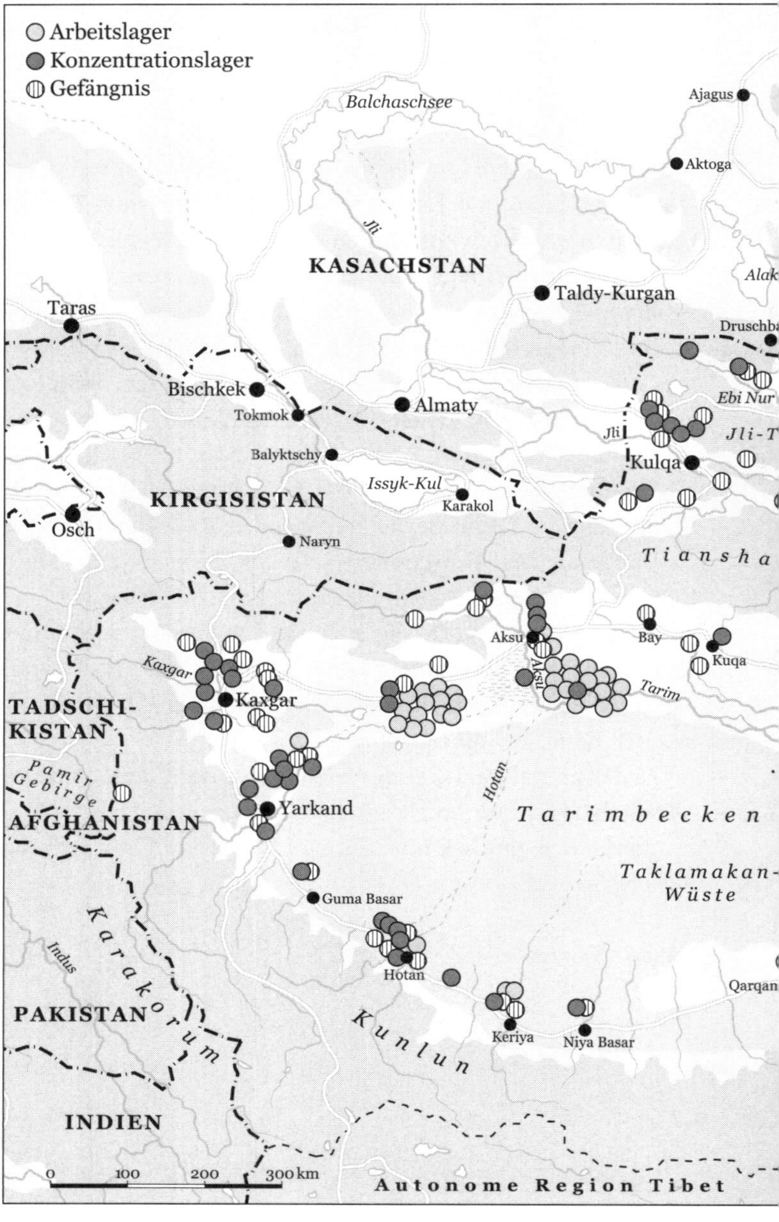
Arbeitslager
Konzentrationslager
Gefängnis
Balchaschsee
Ajagus
Aktoga
Jli
KASACHSTAN
Taldy-Kurgan
Taras
Druschba
Bischkek
Tokmok
Almaty
Ebi Nur
Jli
Kulqa
Balyktschy
Issyk-Kul
Karakol
KIRGISISTAN
Osch
Naryn
Tiansha
Aksu
Bay
Kuqa
Kaxgar
Kaxgar
Aksu
Tarim
TADSCHI-
KISTAN
Pamir
Gebirge
AFGHANISTAN
Yarkand
Hotan
Tarimbecken
Taklamakan-
Wüste
Guma Basar
Hotan
Indus
Karakorum
PAKISTAN
Keriya
Niya Basar
Qarqan
Kunlun
INDIEN
0
100
200
300 km
Autonome Region Tibet

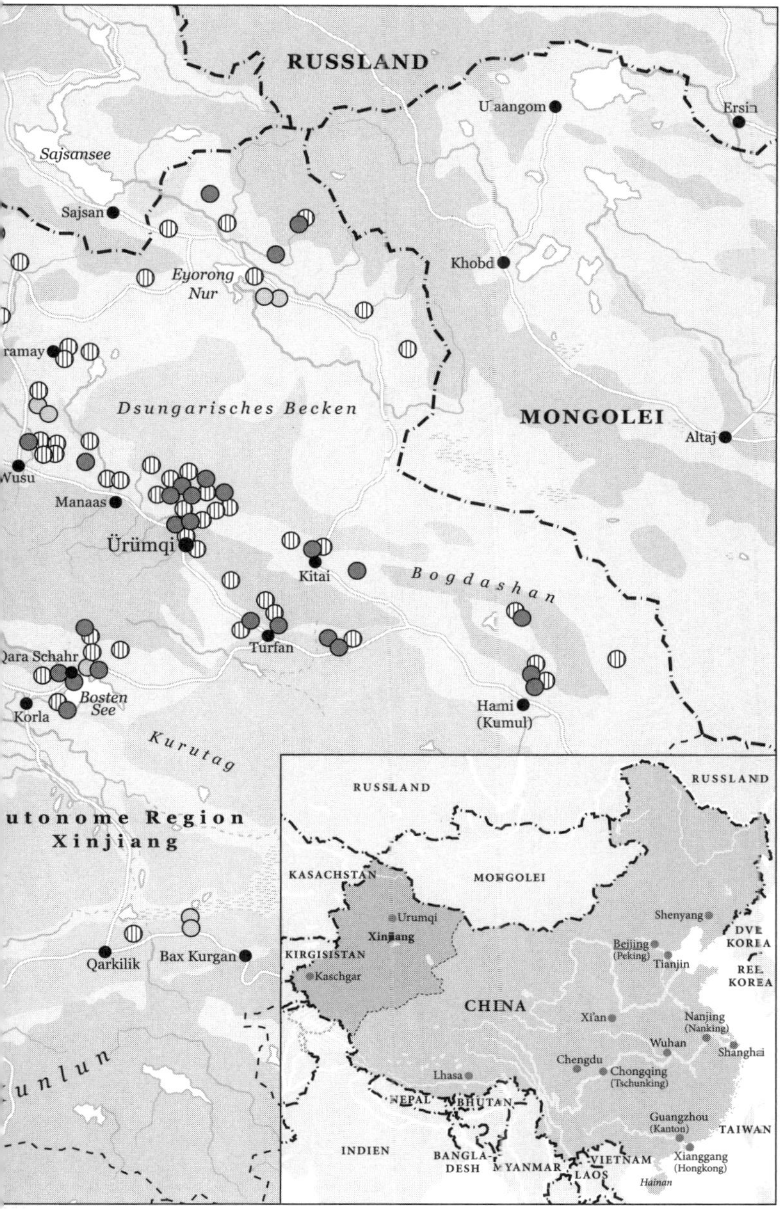
RUSSLAND
Ulaangom
Ersin
Sajsansee
Sajsan
Khobd
Eyorong Nur
ramay
Dsungarisches Becken
MONGOLEI
Altaj
Wusu
Manaas
Ürümqi
Kitai
Bogdashan
Turfan
Qara Schahr
Bosten See
Korla
Hami (Kumul)
Kurutag
utonome Region Xinjiang
Qarkilik
Bax Kurgan
unlun
RUSSLAND
RUSSLAND
KASACHSTAN
MONGOLEI
Urumqi
Xinjiang
Shenyang
KIRGISISTAN
Beijing (Peking)
Tianjin
Kaschgar
CHINA
Xi'an
Nanjing (Nanking)
Wuhan
Shanghai
Chengdu
Chongqing (Tschunking)
Lhasa
NEPAL
BHUTAN
Guangzhou (Kanton)
TAIWAN
INDIEN
BANGLA-DESH
MYANMAR
VIETNAM
LAOS
Xianggang (Hongkong)
Hainan